シンプルに豊かに暮らすヒント

奥中尚美
nao1223

マイナビ

はじめに

子どもの頃、豊かな自然の中で育ち、ときを忘れて遊んでいました。草餅を作ってもらおうと、学校帰りに摘んで帰ったよもぎの葉。裏山のスミレや山桜。道ばたのぺんぺん草。その頃の日々の記憶は、四季の美しい情景とともに、心に鮮やかに残っています。自然に溢れた遊び場は、今ではマンションの小さな専用庭に変わりましたが、ふれあっているものは、ほとんど変わらないような気がしています。

実家では日々の生活を大切にしていました。食後に必ず甘いものをいただいて、ほっとひと息つく習慣があったり、庭にある水仙や梅、あじさい、コスモスなどを玄関に活けたり。それだけで、心が豊かになることを教わりました。日常を彩る断片は、ひとつひとつはとても小さいものでしたが、どれも私の心をしっとりと潤してくれて、大人になった今の生活にもつながっている気がします。

少しだけていねいに、「好きなもの」に向き合うこと。好きなものは特別である必要はなく、「素直に好き」と思える日々のシンプルなものでいい。それらを存分に愛しむことは、豊かな暮らしにつながると思うのです。

この本では、私の好きなものたちとの暮らしについて綴っています。たとえば、私がとても好きなコーヒーは、どなたかにとっては、読書や愛犬と過ごす時間なのかもしれません。泳ぐことや、歌を歌うことなのかもしれません。忙しさで心に余裕がなくなったとき、好きなことに少しでも向き合うことができれば、「自分らしさ」を取り戻すきっかけになる……きっとそのことは、共通しているのではないかと思います。

この本が、あなたの「好きな時間」や「好きなもの」を再発見する手がかりになれたら。ほっとする時間や、無心になれる時間を得るヒントになれたら。こんなにうれしいことはありません。

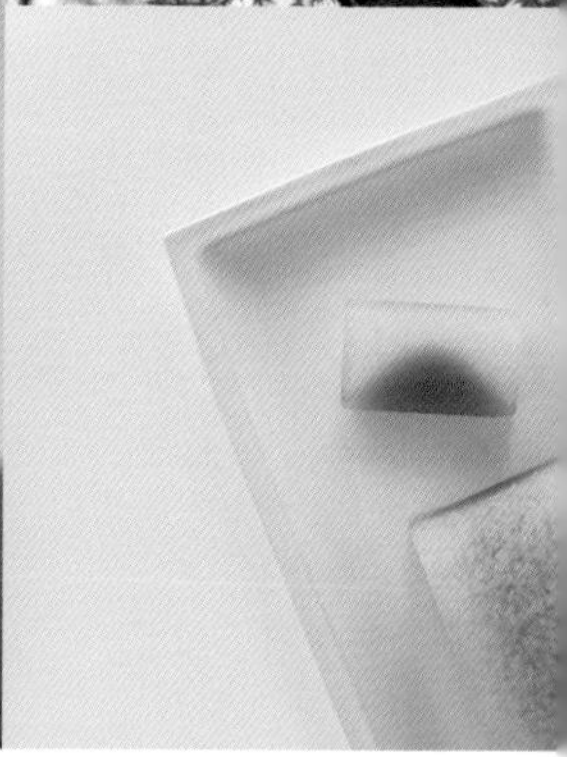

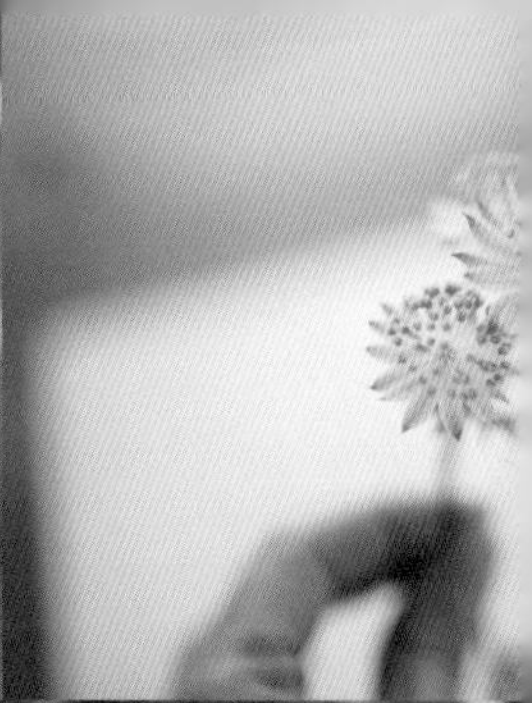

目次

一章　暮らしを豊かにする「日用品」

二章　心を満たす「食」

三章
すっきりを持続する「家事」

四章
小さな空間で楽しむ「インテリア」

五章
「季節」の移ろいを感じる

Instagram PHOTO

一章

暮らしを豊かにする「日用品」

「朝のコーヒー」から、気持ちいい一日を

朝は、一杯のコーヒーを淹れることから始まります。新鮮なお湯を沸かし、豆を挽いて香りを楽しみ、フィルターをセットして、豆を平らにならす。そしてポットから、静かにゆっくりとお湯を落とす。コーヒー豆から出てくる泡、次のお湯を注ぐ待ち時間の長さやタイミング、お湯の太さや勢い。小さな違いで、味わいは変化します。ていねいにおいしく淹れたコーヒーから始まる朝は、気持ちがいいものです。お気に入りの道具は、「カリタ」のナイスカットミル、「コーノ式」の名門ドリッパー、「タカヒロ」の細口ドリップポット、それに木工作家・加藤良行さんのコーヒーメジャー（13ページ下）。安藤雅信さんのカップ＆ソーサーは、ほどよいサイズが気に入っています。

ここのところ朝の定番は、鎌倉「カフェ ヴィヴモン ディモンシュ」の深煎りのコーヒー豆（13ページ左上）です。間違いのないお気に入りのコーヒーで、一日を始めたい。そして、少し苦いコーヒーを飲むことで、気持ちを仕事モードに切り替えられているよ

うにも思います。時間のないお昼は、カプセル式のエスプレッソマシーン「ネスプレッソ」が活躍しています。牛乳に注いだり、水やお湯で割ってアメリカーノにしたり。一方、ゆったり過ごせる夜は、いろいろなお店のコーヒー豆を楽しむ時間にしています。

住まいの神戸近辺には、西宮「ゆげ焙煎所」や「タオカコーヒー」、「バンディビーンズ」、六甲「六珈」など、豆を購入できるカフェや専門店も多く、お買い物やドライブの途中で立ち寄るのが楽しみになっています。大阪・梅田の「アンジェラヴィサント」では、月替わりで全国のおいしいコーヒー豆が手に入り、「ディモンシュ」の豆に出合えたのもこのお店のおかげでした。このコーヒーがどんな場所で生まれたのか知りたくて、毎年行く東京旅行の目的になったことも。物腰やわらかなマスターと話すうちに、かつて「ディモンシュ」で働いていた青年が開いたお店が、西宮にあるお気に入りの「エスキーナ」だということが判明し、うれしい驚きを共有したのも忘れられない思い出です。

コーヒーがもたらすよろこびは、はたから見るとほんのささいなことかもしれませんが、暮らしを深く、豊かに彩ってくれています。

(右)お気に入りの安藤雅信さんのコーヒーカップ。手なじみのいいマットな質感。

(左・右上)ドリップのコツは、泡と呼吸を合わせること。泡の動きをよく見つめます。

(左・左上)お気に入りの「カフェ ヴィヴモン ディモンシュ」のコーヒー豆はまとめてストック。

(左下)「タカヒロ」のポット、「コーノ式」のドリッパーとサーバー、「カリタ」のミル。

「長く使える器」は好きなものを選んで

「器に服と同じくらいのお金をかけるのは躊躇するかもしれないけれど、服はいつか着られなくなる。けれど、器はずっと使えて楽しめます」。

よく伺う奈良の器屋「陶屋なづな」の店主の方に言われた言葉。その言葉の通り、器は毎日の生活に潤いを与えてくれます。朝起きて飲む水も、お気に入りのグラスに注ぐと、おいしさが違ってきます。忙しくてほんのささやかな料理しか作れない夜も、温かみのある器に盛ることで、気持ちが満たされます。

平日の朝食や昼食は、おかずをワンプレートに盛ることが多いので、そのプレートの上でも活躍しそうな豆皿を。甘いものが好きなので、おやつが映えそうな小ぶりのお皿を。そんな風に使い方やシチュエーションをイメージしやすいものを、気が付くと手に取っています。最近は中国茶にはまっているので、茶托や茶船《ちゃぶね》にできそうなお皿というのも、選ぶポイントのひとつになりました。

いちばん数を持っているのは、大谷哲也さんの器（16ページ）。シンプルな白いお皿は料理が映えるし、お花や葉っぱをのせても可愛らしく、おやつに料理に活躍させています。手びねりで作陶される村上躍《やく》さんの器（17ページ左下）は、温かみのある土の質感が魅力で、主に和菓子やお茶の時間に登場します。ていねいにお茶の時間を過ごしたくなる、そんな器たちです。新田佳子さんのグラス（17ページ右下）との出合いはカフェ。そのグラスで初めて冷茶をいただいたときは、華奢なたたずまいに家に迎えるのを一瞬ためらってしまいましたが、今ではとてもよく使う、お気に入りのひとつになりました。津田清和さんの鑓目《やりめ》のグラス（17ページ上）は、お花を数輪活けるときにも使いたくなるし、季節ごとに作る果実酢ドリンク、エスプレッソをいただくときにも活用します。

そんな風に、好きなものをゆっくりと少しずつ揃えています。収納場所も限られているので、いろいろな器を楽しめるように、購入はほとんど一枚ずつ。だからふたりの食事では、夫婦それぞれで使いたい器を選んで使っています。ときには割れてしまったり、欠けてしまった器もありますが、金継ぎをしてもらって大切に使い続けています。

(右)大谷哲也さんの白い磁器。シンプルに見えて、手づくりならではのやわらかいラインが美しい。

(左・上)津田清和さんのガラス。繊細な質感のガラスは、光を通すことでよりいっそう魅力が増します。

(左・右下)新田佳子さんのグラス。吹きガラスで成形したものにサンドブラストを施した、手の込んだ作品。

(左・左下)手びねりで成形される村上躍さんの器。温かみがあり、コーヒーにも合う。

「花一輪」で暮らしは変わる

幼い頃に住んでいた栃木の田舎の家は、前も後ろも右手も三方雑木林で、左手には田んぼ。自然に囲まれて育ちました。家の裏には大きな山桜の木があり、その根元近くに、山の中から集めたスミレを植えて小さな花畑を作ったり、初夏の頃、満開のスイカズラの蜜を吸ったり……。その後移り住んだ場所はどこも、気付いたら自然豊かな土地ばかり。植物とふれあうことが、当たり前の暮らしでした。そんな子ども時代の楽しみの延長が、今の庭仕事好き、花好きにつながっている気がします。

仕事をしているため、庭の花は朝の限られた時間しか見ることができませんが、部屋に活けておくと、帰宅時にうれしい気持ちになります。自宅はマンションの1階で、小さな専用庭がついています。部屋もごく普通で狭い空間ですが、季節の花をほんの少し飾るだけで、温かで豊かな場所に変わる気がします。たとえば庭にあるカラスノエンドウやローズマリーのひと枝（21ページ左上）。特別な花でなくてもいいのです。食事をとるテーブルに、季節の花が少しあったら、ハーブのさわやかな香りに包まれて、おやつの時間をとることができたら……。そんな小さな楽しみが、私の心を潤してくれます。

庭の花のほとんどは、たくさんは咲かないので、小さなグラスに数輪とか、一輪挿しにひと枝といった飾り方が多いです。「木村硝子店」の「木勝」シリーズの繊細なショットグラス（20ページ）は、ムラサキカタバミなど繊細な野草にぴったり。村上躍さんの水差し（21ページ右上）は、土色なので植物になじみ、注ぎ口に花をもたれさせると絵になります。和田麻美子さんの一輪挿し（21ページ下）も好きで、少しずつ揃えています。ひとつだけ飾っても絵になるし、季節の花を挿していくつか並べても、楽しい空間になります。

近所の花屋でときどき花を買うのも、楽しみのひとつ。家にはない、変わった花や枝を、花束にしてもらうのではなく、1本ずつ2〜3種類。家で小さな花瓶に飾るのには、充分な量。種類にもよりますが、いつもワンコインくらいで購入できます。派手すぎない、主張しすぎない、グリーンの中に少し小花があるくらいが理想的。その花が、空間に上手く調和している様子が好きなのです。

(右) 朝に花が開き、夜には閉じるムラサキカタバミ。活けたその日のお楽しみ。

(左・右上) 村上躍さんのピッチャーに、庭から摘んだイングリッシュローズを活けて。

(左・左上) 丈夫で見た目も涼やかなローズマリーを、津田清和さんの鏨目のグラスに。

(左下) 和田麻美子さんの小さな一輪挿し。そばに置いたのは赤くなる前の姫りんご。

心と向き合う「お茶の時間」

中国茶を教室で習い始めて、2年が経ちました。茶葉の種類についてはもちろん、お茶の歴史や中国・台湾の文化、お茶を淹れる所作を学びます。水の流れに寄り添い、静かで流れるような動きや、美しい姿勢、豊かな感性から生まれる香りや色の表現など。始める前は日常から離れたものを想像していましたが、実生活で役立てたいことばかりです。「お茶と向き合う時間」は、日頃の疲れや痛み、悲しみ、そして楽しいことすら忘れて、ただただお茶を見つめる贅沢な時間。平穏な状態で自分の心と体だけを見つめられます。ヨガや瞑想に近い感じでしょうか。自宅では好きな器を組み合わせて、自分なりの中国茶セットを作り（24ページ）楽しんでいます。

あまりものを持ちすぎないようにしていますが、急須やティーポットだけは別。決まりはありませんが、おいしい紅茶を飲むときは「ノリタケ」の紅茶用ティーポット、日本茶やミルクティーは加藤財さんのフォルムが美しい急須（25ページ上）、中国茶は小ぶりなガラスのティーポットや茶壺・蓋碗などを、茶葉の種類（青茶、緑茶、紅茶など）によって使い分けを。カップはポットほど決め込まず、そのときの気分で選びます。

家には常に、お気に入りの茶葉をストック（25ページ下）。毎年、梅の時期に訪れる奈良・月ヶ瀬で購入するひげ茶は、お茶を作る過程で出る茎の部分を活用したもの。熱湯で気軽に淹れられ、香りもよく、お財布にもやさしいお値段。中国茶の青茶は、口をつけたときの味と、飲み終わったあとの果実のような香りのギャップに、うっとりしてしまいます。京都「一保堂茶舗」の「いり番茶」は、燻したような独特の香りがクセになり、食後に飲むとすっきり。アールグレーはアイスティーにしてポットに入れて会社に持っていくことも多く、「これぞ」というお気に入りを見つける旅の途中です。「ヨギティー」の「レモンジンジャー」は、ティーバッグのタグに書かれたメッセージも素敵で毎回楽しみ。「クリッパー」はフェアトレード製品でオーガニック。パッケージが可愛く、味もおいしい優れものです。「茶の葉」の煎茶「霧島」は、苦味のある力強い味わいながら、香りも甘みも豊かで、友人にプレゼントされて以来のお気に入りです。

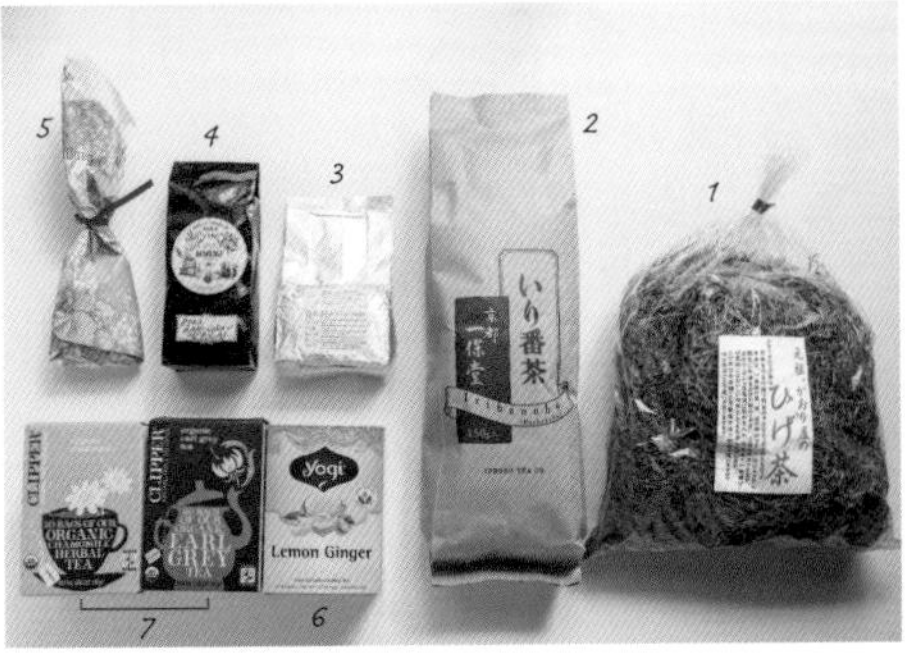

(右)自分で合わせた中国茶セット。角皿は安藤雅信さん、輪花皿は高島大樹さん。
(左上)加藤財さんの美しい急須。注ぎ口が欠けてしまったので、金継ぎをしました。
(左下)お気に入りの茶葉。右から「ひげ茶」(1)、「いり番茶」(2)、「茶の葉」の「霧島」(3)、「マリアージュ・フレール」の「アールグレー」(4)、「中国茶の青茶」(5)、「ヨギティー」の「レモンジンジャー」(6)、「クリッパー」の「アールグレー」と「カモミールティー」(7)。

心地よくて軽やかな「装い」

シンプルで着心地のいい服が好きです。体にフィットしすぎず、それでいてすっきりと見える服。肌なじみのいい天然素材が好きで、夏は涼やかで乾きやすい、リネンで過ごすことがほとんど。気づくと紺、茶、墨黒、ベージュなど、定番色ばかりを買ってしまうので、ときどき意識して、差し色となるきれいな色を手に取るようにしています。

春夏は、リバティプリントのノースリーブにクルーネックのベーシックなカーディガン、それにリネンのワイドギャザーパンツ。この組み合わせは色違い、柄違いを何枚も持っていて、時間がない朝など、何も考えずに組み合わせて着ていけるので重宝しています。秋冬はウールのワイドギャザーパンツやハーフパンツに、タートルネックのカットソー、カーディガンなど。ときにパンツをスカートに、インナーにリネンのシャツをもってきたりもします。季節を通じてワンピースも好きで、前ボタンを外し、パンツと合わせてはおりものにもなるタイプは、使いやすくて気に入っています。自分の中で、安心する組み合わせのパターンがいくつかあると、買い物のときも、朝仕度をするときも、迷いが少なくなるような気がします。

カメラを持って散歩することが多いので、日傘より帽子派。神戸のショップ「ダンタン」でオーダーした『Ｓａｓｈｉｋｉ」の帽子（28ページ）は、サイズはもちろん、ブリムの長さや広がり具合、リボンの種類、その結び方までオーダーできて、でき上がるまでワクワクして待ちました。折りたたんでバッグにしまえるので、持ち歩きに便利なところも魅力です。

着こなしに変化をつけてくれる巻き物も好き。「玉《タマ》木《キ》新《ニイ》雌《メ》」の播《ばん》州《しゅう》織のショール（29ページ上）は、ふんわりやわらかく、巻いていても軽やかな気持ちにさせてくれます。色合いもさまざまなので、選ぶのが楽しく、少しずつ増えていっています。

デンマークのテキスタイルデザイナー、ベス・ニールセンが手掛ける「カディ＆コー」の服は、少しずつ揃えたいブランドのひとつ。手紡ぎ糸ならではの不均一な美しさ、やわらかな着心地が好きで、今年もワンピース（29ページ下）を一枚、新調しました。

(右ページ上)「Sashiki」の帽子。最初の年はリブの広いエレガントなもの。
(右ページ下)翌年は細いリボン。印象が変わります。
(左ページ上)「玉木新雌」のショールは色合わせが独特。
(左ページ下)「カディ&コー」のコットン素材のワンピース。

無心になれる「写真」

庭の花をきれいに撮りたくて、発売されたばかりのデジタル一眼レフカメラ「キヤノンEOS Kiss」を買ったのが、カメラに夢中になったきっかけ。今から十数年前のことです。それまでも、フィルムカメラやコンパクトデジカメを使っていましたが、デジタル一眼は思ったような写真が何枚でも撮れて、すぐに確認できる手軽さに魅了されたのです。

その後、主人が持っていたフィルムカメラ「ニコンF3」を使うようになって、フィルムカメラの魅力にもはまりました。デジタルとは違った色合いや空気感、そして慎重に一枚一枚シャッターを切る緊張感、すぐに結果を見ることができない、待つ楽しみ。デジタルとは真逆のことが、大きな魅力だと感じます。デジタルとフィルム、両方を経験することで、どちらのよさも改めて感じ、今はふたつとも持ち歩いています。

好きなものと、そのまわりの空気感を切り取っておきたい。その瞬間をしっかり感じて、見つめておきたい。そんな思いからカメラを手にするようになったと思います。私の写真のモチーフは、食べ物や季節の花、身のまわりの雑貨など日常の一部を切り取ったものがほとんど。撮る間は無心で、そのことだけに集中するので、いいリフレッシュにもなっていると思います。

一眼で撮るときは、「絞り」（どのくらいの範囲にピントを合わせるのか）に意識を集中します。構図を決めたあと、絞りを決めます。そして「露出」（明るさ）。とりあえず一枚撮ってみてから、露出を調整。絞りによってボケの雰囲気も変わるので、いろいろ変えながら撮ってみるのが楽しいです。

テーブルフォトは、基本的に「逆光」で撮っています。立体感が美しく出るし、光と影の対比がきれいだと思うのです。レースカーテン越しくらいのやさしい光の入る窓辺のテーブルに撮りたいものを置き、レフ板（白い紙などで大丈夫です）を手前から当てて、影部分をやわらかい明るさに調節して撮っています。

インスタグラムで出している写真は、ほとんど「iPhone」で。風景などの引きの写真を、アプリなどで手軽に雰囲気よく撮れるのが、面白く感じています。

(右上)「キヤノン5D mark Ⅲ」で、絞りが「F1.4」。松ぼっくりの先端にだけピントを合わせています。

(右下)愛用しているフィルムカメラの「ニコンF3」。しっかりとしたシャッター音も魅力です。

(左上)「キヤノン5D mark Ⅲ」で、絞りが「F11」。それぞれの実にピントを合わせたいのでF値を大きく。

(左下)どちらも「iPhone」で撮った写真。フィルターや色味を変えて雰囲気を出せます。

「アロマ」でさりげない香りづけを

香りは好きですが、どちらかというと香水を身につけるよりも、部屋など空間に香らせるほうが好きかもしれません。ほんのり漂うぐらいの、さりげない加減で。すっきりしたいとき、元気を出したいとき、リラックスしたいとき。香りの力を借りて、気持ちを整えていることも多いです。

よく使うのは、草の香りや柑橘系の香りなど、甘すぎない香り。気持ちのいい自然の中にいたり、植物を手にしているときの気分を思い出させてくれるような、そんな香りについ手がのびるようです。ローズマリー、レモングラス、ブラッドオレンジ、ジュニパー、シナモンリーフ、ベルガモット。これらのエッセンシャルオイルを、アロマディフューザーやアロマランプに数滴落とします。

アロマディフューザーは「マークス&ウェブ」のもの（37ページ）。シンプルなフォルムと、噴霧量《ふんむりょう》を細かく調整できるところ、そして時間が来ると自然に止まってくれるところも、安心して使えて気に入っています。アロマランプは10年以上前に「生活の木」で購入したもの。ディフューザーよりもおだやかな香りで、やさしい灯り。主にリラックスタイムに使っています。

アロマキャンドルもいろいろと試しています。「コテ バスティド」のクリスマス限定キャンドルは、スパイシーで華やかなクリスマスらしい香りで、その時期の楽しみにしています。「ディプティック」と「ミナ ペルホネン」がコラボレーションした特別なフレグランスキャンドル「アンフィニ」(36ページ上)は、パッケージの可愛らしさとさわやかな香りに惹かれて。千葉に自社工房があるというルームフレグランスブランド「アポテーケ フレグランス」のフレグランスキャンドル(36ページ下)は、着火しなくてもいい香りがただようので、トイレに飾って芳香剤代わりにしています。調合や生産はもちろんのこと、ラベルのスタンプ押しから箱詰めまで、ひとつひとつ手作業で作られるというキャンドル。種類も豊富で、いろいろ欲しくなってしまいますが、「このひとつを使い終わったときの楽しみ」にとっておいています。

APOTHEKE FRAGRANCE
PUSHERMAN
HANDMADE WITH
100% PURE SOY WAX

(右上)「ディプティック」の「アンフィニ」を、リラックスしたい夜にそっと灯して。

(右下)「アポテーケ フレグランス」のキャンドル。今は「PUSHERMAN」という香りを。

(左)実験器具のような佇まいの「マークス&ウェブ」のアロマディフューザー。

Information

cafe vivement dimanche　コーヒー豆（p.13）

ディモンシュウェブショップ　http://dimanche.shop-pro.jp/

大谷哲也　器（p.16）

大谷製陶所　http://ootanis.com/

いり番茶（p.25）

一保堂茶舗　http://www.ippodo-tea.co.jp/

帽子店Sashiki（p.28）

http://www.sashiki-hat.com

APOTHEKE FRAGRANCE　フレグランスキャンドル（p.36）

http://www.apothekefragrance.jp/

column

instagram PHOTO

1

reflection

映り込み写真。大好きな公園の、小さな池での一枚です。「iPhone 落とさないように～」なんてよくコメントをいただくのですがまさにその通りで、いつもドキドキしながら、でも撮りたくなる写真なのでした。この写真でいつも使うアプリは「Hipstamatic.」。「John S」というレンズを選ぶと、私がときどきアップする、青緑色の世界になります。

インスタグラムのこと❶

始めたきっかけ

趣味で撮っていた写真仲間から「一緒にやらない？」と、誘われたのがきっかけです。2010年10月のこと。コンパクトデジカメやiPhoneで撮るのが苦手だったけど、そのぶん気負いなく、軽い気持ちでスタート。気軽に写真を上げられるのが、楽しく続けられる理由です。

二章

心を満たす「食」

一日の始まりからうれしい「朝ごはん」

平日の朝はあわただしいことが多く、夜のうちに朝食の計画を立てておくことにしています。甘いものが好きなので、朝ごはんをカフェのスイーツメニューのように考えることも。朝が弱いので、自分が楽しみにできるものを準備しておくと、「ちゃんと起きよう」という心がまえを持つことができます。

手軽な朝食にしたいときはオーバーナイトミューズリーを。前日の夜に「WECK」の保存瓶にオートミール（またはミューズリー）、ドライフルーツ、ヨーグルト、牛乳（または豆乳でもおいしい）を入れて、冷蔵庫に保存します。朝取り出すと、ほどよくやわらかくなった「オーバーナイトミューズリー」のでき上がり。好みで牛乳の代わりにグレープフルーツジュースにしたり、ジャムやメープルシロップをかけることもあります。もちろんミューズリーをそのまま、ヨーグルトとフルーツをのせて食べることも（44ページ上）。グラノーラも好きですが、甘みのついていないミューズリーは、ジャムやはちみつ、メープルシロップで、自分で糖分を加減できるのもうれしい。「エルサンク・ジャポン」のオーガニックのものがお気に入りです。

休日のブランチはゆっくり時間がとれるので、パンケーキ（44ページ下）やワッフル（45ページ下）を焼くことも多いです。アイスクリーム、カットしたフルーツ、生クリームやクリームチーズをたくさん用意して、夫婦それぞれ盛り付けを楽しみながらいただいています。バターカーラーで貝殻のようにバターを削ると、見た目が可愛いだけでなく、溶けるのも早いので、塗りやすいのです。

平日の朝はコーヒーを飲むため、和食は休日の朝に作ることが多いです。常備菜をかしこく活用して、ワンプレートにお惣菜を盛り合わせると、でき合いのものでも、カフェごはんのようで気持ちが上がります（45ページ上）。また、時間に余裕がある日はゆっくりと料理ができるので、ごはんに具だくさんのお味噌汁、焼き魚、玉子焼きなど、すべてできたてを小皿に盛って、旅館の朝ごはんのようにセッティングして楽しみます。ささやかなことですが、朝ごはんを工夫することで、気分よく一日を始められるような気がします。

（上）ミューズリーに好みのフルーツをのせて。ガラス器は津田清和さんのもの。
（下）休日のお楽しみ、パンケーキ。庭の緑をあしらうと、気持ちも盛り上がります。

(上)小谷田潤さんの器にワンプレート盛り。お弁当のように、盛り方もひと工夫。
(下)「ワッフルを焼く」、その心の余裕とワクワク感も休日ならでは。器は大谷哲也さん。

「盛り付け」で食卓は見ちがえる

たとえ同じ料理でも、盛り付けがきれいだと、食べたときの満足感もおいしさも、違ってくると思います。料理を作り、器を選んで、さらに雰囲気の合う葉や花を添えると、気分もぱっと華やぎます。草花も買ったものではなく、庭先にあるものをさっと摘んで、食べる直前にあしらうくらいの気軽さが好き。万能なのは、南天の葉。和食の世界でも伝統的な彩りですが、普段の食事にもよく合います。秋は紅葉したジューンベリーの葉を添えたり、春の苺のタルトには、ワイルドストロベリーの葉を。ミントの葉は焼き菓子や冷菓にもよく合うし、ローズマリーは飲み物や洋風のおかずに添えて。山椒の葉は香りもさることながら、形も可愛らしいところが気に入っています。

大きめのお皿にちょこちょこ盛るのも好きで、余白がさみしくならないよう、存在感のある器を使います。一品一品に高さを出して盛った上に、空いたところに庭の植物を添えるだけでも雰囲気がぐっと変わってきます。

逆に小さなお皿にぎゅっと詰め込む盛り付けも見た目が楽しい。写真の器は、田《た》鶴濱守人《つるはまもりと》さんのもの（48ページ）。洗いものを減らしたいからごはんも一緒に、汁気のあるおかずやフルーツは、深さのある豆皿に盛って。そのまわりに常備菜をすき間なく盛り付けると、作りおきでも豪華に見えてワクワクします。常時ストックしている酸っぱい常備菜（ラーパーツァイや酸っぱいにんじんのきんぴらなど）が、ごはんとおかずを上手につなぎ合わせてくれて（ほんのり酢飯風になり、食もすすみます）、混ぜごはん風に食べるのもおいしいです。

気持ちに余裕があるときは小皿をたくさん使って、おかずを銘々皿に盛り付けます。わが家は揃いの器がほとんどないので、器同士をどんな組み合わせにするか、考えるのが楽しみ。おかずの量が少ない日でも、贅沢な気持ちを味わえます。

使うたびに器の力を実感するのが吉田次朗さんの楕円の深皿（49ページ下）。リム部分が立ち上がっていて額縁のような役目を果たしていて、料理をおいしそうに見せてくれます。

トーストを食べる朝は、川端健夫さんのくるみの木のプレート（49ページ上）を。焼き立てをのせても木が湯気を吸い取ってくれるので、最後までカリッと食べられます。

(右)中央の豆皿も田鶴濱守人さんのもの。豆入りごはん、チャプチェ、マリネ類などを盛って。

(左上)川端健夫さんの木のプレートにトースト類を。ジャムやバターも小皿にのせ、一緒に。

(左下)吉田次朗さんのオーバル皿に、水菜とレンコン、梨のサラダをたっぷりと。

気分を上げる週2の「お弁当」

お昼休みを2時間たっぷりとれる職場だったので、バスか自転車で家に戻り、のんびり昼食をいただく生活をしていました。ところがある時期から、週のうち2日は職場で過ごさなくてはならなくなったのです。家で好きなものを食べ、リフレッシュしていた私にとっては、少しショックなできごとでした。でもそれなら、「お昼が楽しみになるようなお弁当を持っていこう」と考え、ごはんがおいしく保てて、おかずも見栄えよく盛れそうな、曲げわっぱのお弁当箱を購入しました。小さな楕円の二段のお弁当箱（53ページ下）は「私の部屋」で、小判形の一段のお弁当箱はデパート数軒をまわり、見つけたもの。

お弁当箱は食後すぐに洗うので、しきりやカップはできるだけレタスや大葉で代用しています。見た目もきれいで、食べられ、お弁当箱への色移りが気になる食材から保護する役割も果たしてくれます。できればおかずは高さを揃えたいですが、高さや量が足りないものなどは、レタスを下に敷いてかさ増しします。食後のデザートにもなるフルーツも必ず入れると、見た目も可愛い。お弁当包みは「SOU・SOU」や「かまわぬ」の小さめの風呂敷を活用しています。

サンドイッチ用には、梅田「アンジェ ラヴィサント」で、竹網代のかごを買いました。最近はレタスをたっぷり挟んだパンにはまっています。とろけるチーズをのせて焼いた目玉焼きや、ごまペーストやヨーグルトで下味を付けて焼いた鶏肉と一緒に挟めばボリュームも満足。たっぷりの具に負けないよう、パンも6枚切りくらいの厚いものを。全粒粉入りのパンもよく合います。サンドイッチはクッキングペーパーに包んでから、ペーパーごとカットしてかごに入れると、食べやすく、手もよごれないのがポイントです。

お弁当作りは多くても週2回なので、無理なく続けられているのかもしれません。食いしん坊なので、朝ごはんと同じように「明日のお弁当は何にしよう」と考える時間も楽しいのです。疲れていたり、起きられなかったら、作りおきのお惣菜を何品かとごはん、夫お手製のとっておきの梅干し、そしてフルーツ。それだけで、充分しあわせなお弁当が完成すると思っています。

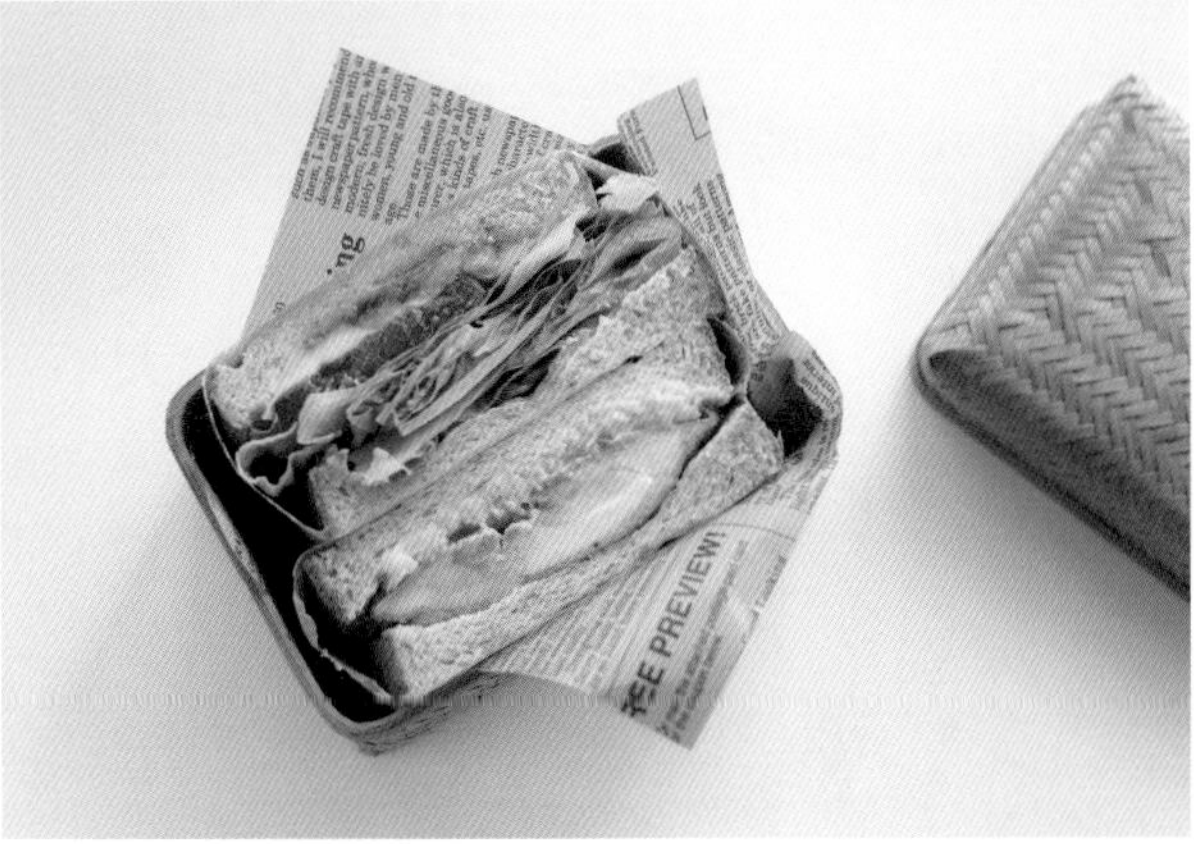

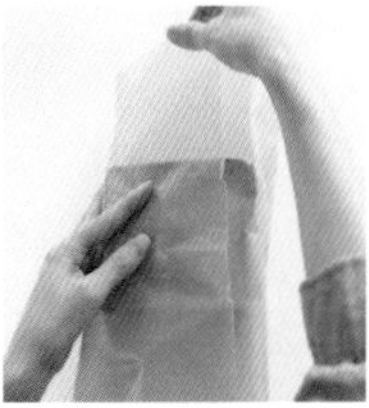

(右)曲げわっぱの一段のお弁当箱。ごはんから盛り、葉野菜を仕切りにおかずを詰めていきます。
(左上)サンドイッチ用の竹かご。下に英字新聞の包装紙を敷くと、見た目も可愛く楽しげに。
(左下)二段のお弁当箱。一段目に手まり寿司を、もう一段に茹で卵や野菜のおかずを詰めています。

ご褒美「お菓子」

実家が食後に必ず甘いものを食べる習慣があったせいでしょうか、昔から、お菓子のない生活は考えられませんでした。甘いものを食べる時間は、私にとっては「ご機嫌な気分」の象徴。疲れきっているときも、気分が落ち込んだときも、お菓子の力に助けてもらって、しあわせな気分を取り戻しています。

お菓子はそれだけで味わうのではなく、大好きなコーヒーやお茶と組み合わせると、さらにお互いがおいしくなります。器もどれにしようと考えて、「お菓子の時間」をコーディネートするのです。「これからがんばるぞ」と気合いを入れるときに、苦いコーヒーと甘すぎないチョコレート。夕食後に、ていねいに淹れた日本茶と羊羹。休日のゆったりとした午後に、あめ色の美しい紅茶と香ばしい焼き菓子。「おやつ」と呼びたい、昔ながらのなつかしいお菓子も、上等な洋菓子も、伝統的な和菓子も。それぞれが豊かで、とっておきの時間を過ごせる組み合わせです。

そんな訳で、私の「お気に入りのお菓子リスト」は、少しずつ増えていきます。芦屋の洋菓子店「ダニエル」のミニカヌレは、食べやすいプティサイズで、オーバルの箱入りがとても可愛い。プレーン、ショコラ、抹茶などの定番のほかに、季節の味わいが詰まっています。家に常備されているのは、北陸製菓「ホッカ」のハードビスケットと、スウェーデン王室御用達の「アンナ」のジンジャービスケット。それぞれ素朴だけど、食べ飽きない味わい。これとおいしいお茶があれば、日々の「おやつ」には事欠きません。バームクーヘンで有名な「ホレンディッシェ・カカオシュトゥーべ」の「バウムリンデ」は、四角い形で、ラム酒をたっぷり効かせた大人の味。ちょっぴり贅沢したいときにいただきます。岐阜・中津川「川上屋」の「栗きんとん」や滋賀・近江八幡「たねや」の「栗月下」は、毎年栗の季節には、必ず買う定番の味。「とらや」の道明寺羹は、季節限定品がいろいろと出ていますが、こちらもお正月の時期のものは、毎年いただくようにしています。和菓子は季節感豊かな、奥深い世界。「今年もこの季節が来たから」と、買いに足を運ぶのがうれしくなるのです。

(右)まるで宝石箱のような「ダニエル」のミニカヌレ。いろんな味が選べてうれしい。

(左・右上)「アンナ」のジンジャービスケットは、形が愛らしいところも気に入っています。

(左・右中)包装も可愛い「ホレンディッシェ・カカオシュトゥーベ」の「バウムリンデ」。

(左・右下)「とらや」の道明寺羹。「とらや」のお菓子はいつも、その美しさにもほれぼれします。

(左・左上)「川上屋」の栗きんとんには、コーヒーや煎茶、加賀棒茶などを合わせて楽しみます。

(左・左中)「たねや」の「栗月下」は、栗の味わいをそのまま生かしたような素朴なお菓子。

(左・左下)「ホッカ」のビスケットは、発売してから30年以上経つというロングセラーお菓子。

手をかけない「常備菜」

食事はできるだけ手作りをしたいと考えていますが、仕事をしていると、炊事にかける時間を意識せざるを得なくなります。料理を作る時間のみならず、食材を買う余裕すらないと感じるときも。そういう訳で、まとめて作りおきできる常備菜や、下準備した食材を日常的に活用しています。

常備菜が数種類あれば、盛り付けるだけで、お昼ごはんや晩ごはんも、手早く用意できます。ときどきインスタグラムに上げる「トゥデイズランチ」も、仕事のお昼休みに帰宅し、5~10分ほどで盛り付けただけの、簡単ワンプレートがほとんど。この作りおきがあることで、短いお昼休みも、写真を撮ったり、目でも楽しめるランチを食べて、リフレッシュすることができるのです。お弁当も、朝すべて作るのではなく、そういった常備菜を活用することで続けられています。

常備菜そのものも、手の込んだむずかしいものはなく、簡単にできるシンプルなものがほとんど。できるだけおいしい新鮮なもの、季節を感じられる食材を選んで、茹でて和えたり、浅漬けやマリネにしたり。野菜中心なのでほどよくフレッシュ感を残しておき、薄味にして、食べる直前に味を足したりもします。わざわざ常備菜を作る時間を設けて一気に作るのではなく、ほとんどは夕食の片付けのあと時間がある夜に、無理のない程度で1〜2品作るといった感じです。ふたり家族で、三食しっかり自宅で食べるとも限らないので、メニューにもよりますが、多すぎないよう3日間くらいで食べ切れる量を作ることが多いです。酸っぱい味が好きなので、きんぴらを薄味にしてお酢を入れたり、煮物にもお酢をたらしてさっぱりさせることもあります。ボリュームおかずとしては、鶏の紅茶煮やタンドリーチキンなどを仕込むときも。

保存は主に「イワキ」の保存容器（60、61ページ）を使っています。ガラス製で中が見えるので、何を入れているのかが分かりやすく、色やにおいがつきにくいところが気に入っています。なお冷蔵庫は、常備菜の段、ジャムなどの甘いものの段、調味料の段と位置を決め、行方不明や賞味期限切れだったということがないように、気を付けています。

(右ページ)冷蔵庫にある常備菜。手前から時計まわりに、トマトのマリネ、レンコンの甘酢漬け、にんじんの酸っぱいきんぴら、ラーパーツァイ(白菜の甘酢漬け)、くらかけ豆の浸し豆、きんぴらごぼう。
(左ページ)保存容器は3サイズあり、最初はいちばん大きなものに入れ、小さいものに移しかえていきます。

「癒しのカフェ」でショートトリップ

カフェで過ごす時間が好きです。私が住む神戸はもちろん、少し離れた近県にも、お気に入りのカフェがいくつもあります。日々忙しく過ごしていて、旅行になかなか行けないときも、週末に車を飛ばして少し遠方のカフェに行き、ていねいに淹れてもらったお茶やコーヒーを片手に、本に没頭したり、ただぼーっと窓の外を眺めたりするだけで、まるで旅をしたかのようなリフレッシュ感が味わえます。

私の好きなカフェは、まわりが緑豊かだったり、店内にいい光が入ったりする場所。季節や時間帯によって、光の加減が微妙に変化する、その様子を眺めているだけで、とても贅沢な気分になります。そしてたとえひとりで入ったとしても、居心地がよく、お客の時間を大切にしてくれるお店。あくまで訪れた人をメインに、静かな時間をそっと見守ってくれるようなお店が好きなのです。

神戸・元町「カフェ&バー アンセム」(64ページ、65ページ下)は、料理もデザートもフルーツを使ったアルコールも魅力的。店内はやさしく光が入り、お店の方も静かな雰囲気。ランチのキッシュ、デザートのフォンダンショコラ、ラテアートも可愛くて、いつもにっこりしてしまいます。姉妹店の「カルド」はピザが絶品で、厳選されたメニューはどれもおいしく、昼も夜もおすすめです。しっかり食べたいとき、ワインを飲みたいときなどに訪れます。神戸はカフェレベルが高く、ケーキ屋さんよりおいしいお菓子、レストランよりおいしい料理を出すカフェが少なくありません。また自家焙煎している珈琲店も多くあり、それぞれのお店のいろんな味を試すのを楽しみにしています。

少し離れた場所でお気に入りは、店主の方の心配りとこだわりに毎回気持ちが和み、カステラが感動的な三重「カフェ　シロイロ」（65ページ上）、武夷《ぶい》岩茶が楽しめる、丹波篠山「岩茶房丹波ことり」、地元の桃を使ったデザートが素晴らしく（それを食べに毎年訪れたいくらい）、広々とした気持ちいい空間が魅力の和歌山「クラリ」など。休日に、そのカフェを訪れるためだけに足をのばして、ドライブすることも多いのです。

(右)「カフェ＆バー アンセム」のカフェラテ。店員の方にお願いすると、可愛いラテアートを披露してくれます。この日は犬でした。

(左上)「カフェ シロイロ」のカステラは、きめ細やかでしっとりとした食感がうれしい。お茶は、小谷田潤さんのポットでサーブしていただきました。

(左下)同じく「アンセム」のフォンダンショコラ。外はサクサク、中がアツアツで、バニラアイスクリームが添えられています。

Information

川端健夫　くるみの木のプレート（p.49）

マンマミーアプロジェクト　http://mammamia-project.jp

カフェ＆バー アンセム（p.65）

https://anthem-kottabos.com

café shiroiro（p.65）

http://cafe-shiroiro.jugem.jp/

column

instagram PHOTO

2

雨の日曜日

たまには「多重露光」。そんなことも簡単にアプリでできちゃうのがiPhoneの楽しいところ。

多重露光とは、複数の写真を合わせ、レイヤーで仕上げること。

「車の窓の水滴」と、「冬の空」を合わせました。

インスタグラムのこと❷

人気が出た理由

最初は写真仲間の10人程度だったフォロワーも、今では何と20万人を超え、自分でも驚いています。始めた初期は、まだテーブルフォトがめずらしかったことと、日本特有の食材や四季の風景に、海外の方々が反応してくれたのが大きかったのではと思います。

三章 すっきりを持続する「家事」

ものを置かない効率的な「キッチン」

私にとって理想的なキッチンは、清潔であること、すっきり片付いていること、使用する道具がすぐ取り出せること、そして少しだけ自分らしい空間になっていること。

すっきりさせるため、塩と砂糖以外の調味料は、引き出しや冷蔵庫にしまっています。台の上には使った道具や素材を放置しない、普段からものを置かないと決めています。それは、掃除をしやすい状態に保つためにも、大切なこと。ものがないとそれを動かす手間もなく、よごれたらふきんでさっと簡単に拭けます。どんな場所でもそうですが、掃除はためると労力も倍増。こまめな掃除こそが、ストレスもなく、短時間で終わる秘訣です。また、清潔で広々とした場所を確保することが、料理をするときにも、効率的な作業につながると思っています。

その一方で、フライパンや蒸籠《せいろ》など、よく使う道具に関しては、シンク前の壁やコンロのレンジフードまわりに吊るし、必要なときにすぐに使えるようにしています。ぶら下げている道具類は、先に書いた「自分らしさ」を表現する場所かもしれません。木目の美しいオリーブの木のカッティングボードや、木製の鬼おろし、蒸籠（ぶら下げるのは、カビ防止の意味もあります）、ときに月桂樹の枝や唐辛子を束ねたものを。ほとんどの道具類は引き出しや棚にしまっていますが、目にふれる場所に置いている道具類は、デザインが気に入ったもの、素材に統一感のあるもの（木、鉄や鋳物の黒、ステンレスの銀色）だけを選ぶようにしています。できるだけ雑多感をなくすことで、目にもやさしくできたらと考えています。

共働きなので、夫も台所に立つことが多く、甘い玉子焼きや出汁が効いた薄味の関西風の煮物などの料理は、私よりも上手なくらい。彼にも気分よく台所に立ってもらうために、台の上をすっきりさせるルールは有効です。また夫専用、私専用の引き出しをそれぞれ設け、お互いがよく使う食材などを入れておく場所があるのも、わが家らしさを表す要素のひとつかもしれません。

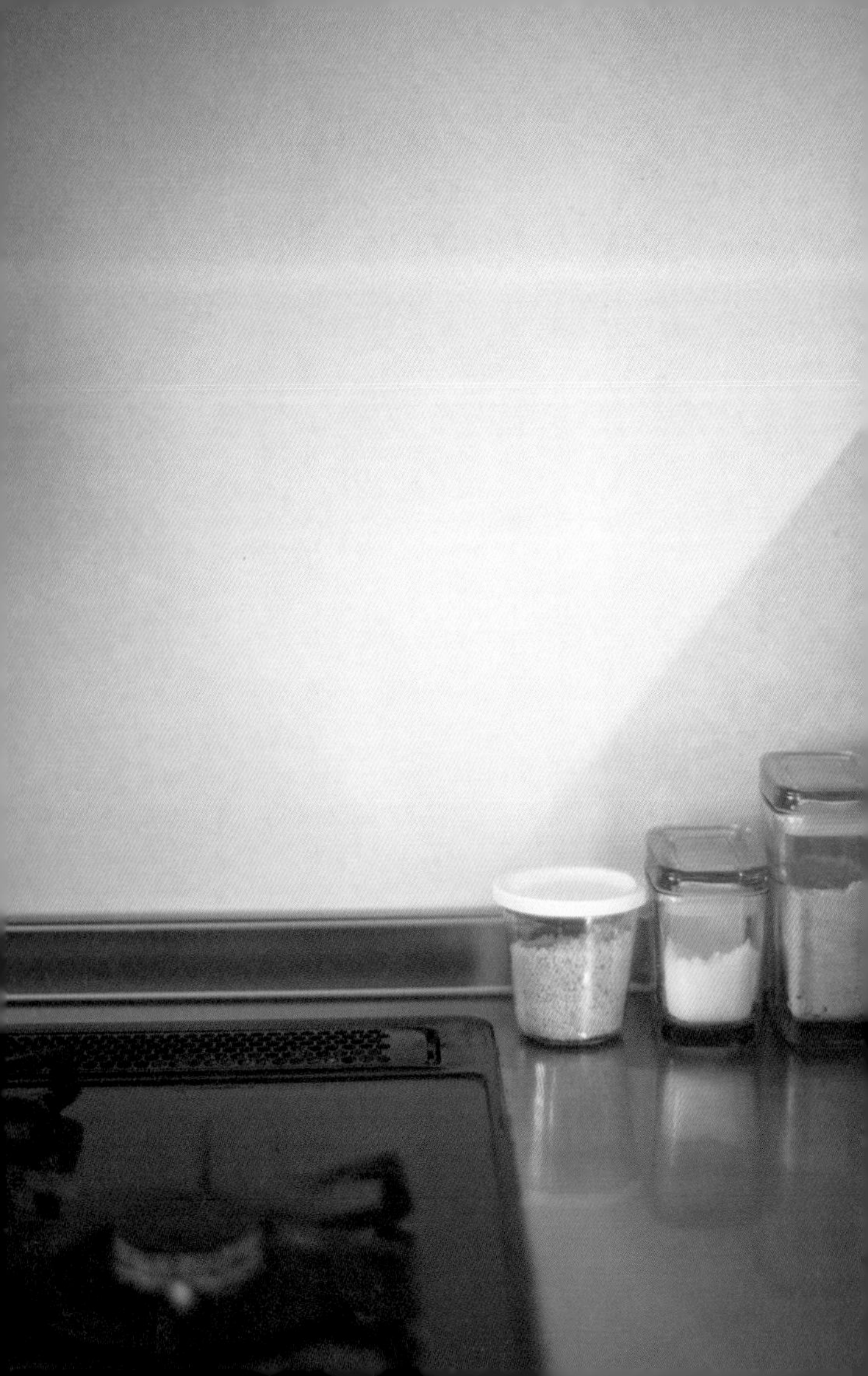

(右) 台所のコンロまわり。すぐに使いたい塩2種と、三温糖のみをガラス器に入れて。

(左上) すぐにたまるビニール袋類は、入れるかごを決め、収まる量だけ持つように。

(左下) レンジフードの縁にS字フックを下げ、鍋つかみやトングなどを吊るします。

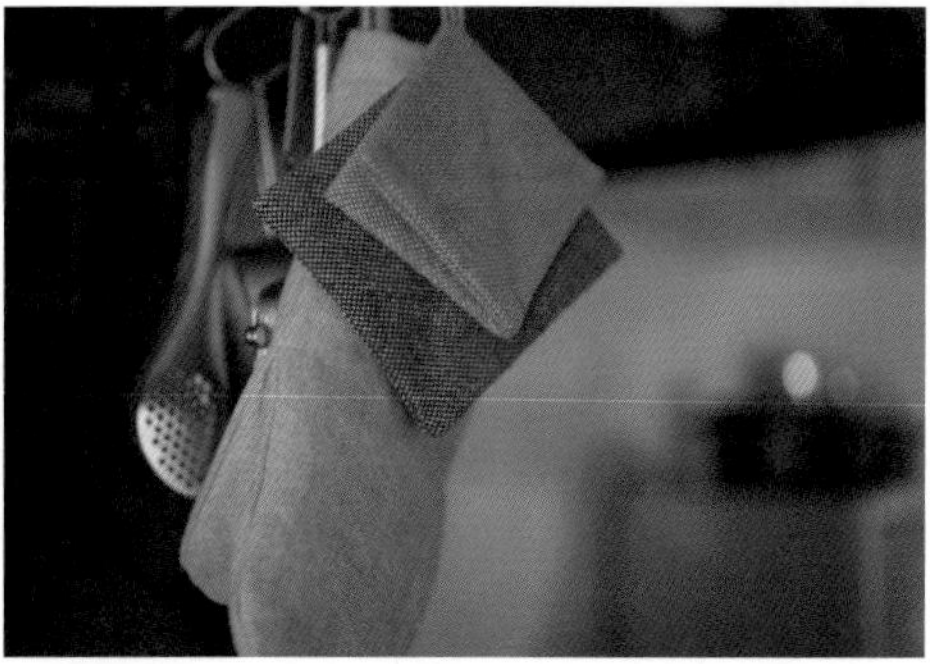

循環のよい「収納」

理想のインテリアは、お気に入りのものだけが目に入り、ほかのものは収納して目にふれないようにすること。しかし狭い部屋で限られた収納スペースしかないわが家では、収納には工夫と決めごとが必要不可欠です。年々増え続ける洋服や小物、家電の箱、趣味のカメラ道具……。どこかで区切りをつけなければ、ものはあっという間にいっぱいになってしまいます。

決めた場所がいっぱいだから、あふれたものを、いつもと違う場所に「とりあえず」しまう、あるいは使いやすい場所に放置してしまう……。するとそこから、ごちゃごちゃした空気がもわんと広がり、ディスプレイとして置いたお気に入りの雑貨や道具類まで、雑多なものに見えて、悲しくなってきます。

そこで、すっきり清潔な環境で暮らすために、わが家では「ものの出し入れをしやすく工夫する」「アイテムごとに分類して住所を決める」「クローゼット内の空いている省スペースを活用する」「使わないもの、決められた場所に入りきらないものは処分する」などを、ルールにしてみました。

分類された場所が定員オーバーになったら、不要なものを処分する。もしくは、もっといい方法がないか、収納を見直す。そして「これは本当に必要なもの？」と、自分にも夫にも問いかけます。たとえば服。「オーダーしたものだから」「価格が高いものだから」ではなく、「サイズは合っている？」「これからも着る予定はある？」。大切なことは、「今必要なもの」「今お気に入りのもの」と、すっきり暮らすこと。必要以上のものは、「思い出だから」という理由だけで、残す必要はないと思っています。

ものに対する感覚は人それぞれですが、私は把握できないほどの量のものを持つことに、ストレスを感じるタイプ。部屋の中が雑多になってくると、何だかソワソワと落ち着かなくなります。逆に不要なものをすっきり処分できると、肩の力が抜けて、軽やかな気持ちに。「部屋の状態と、心と体はしっかり結びついているんだなあ」と、実感しています。

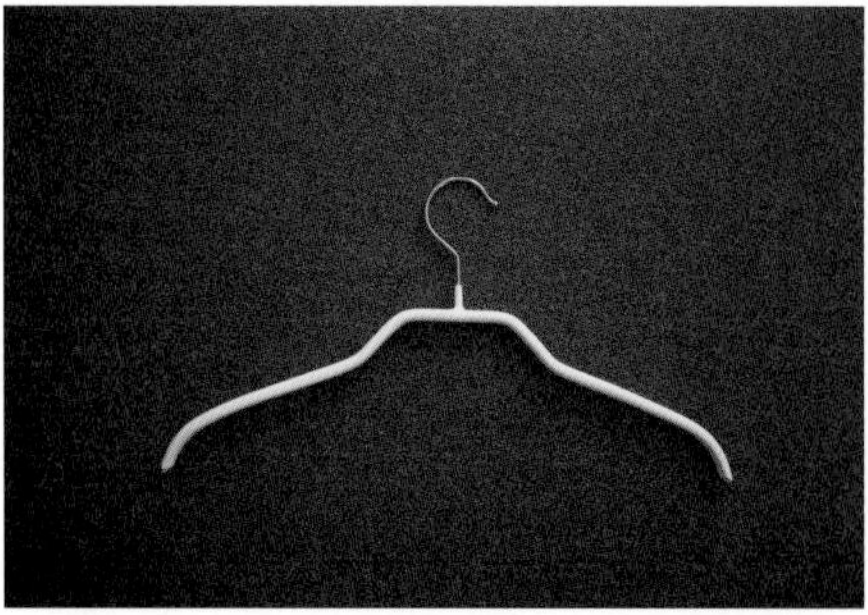

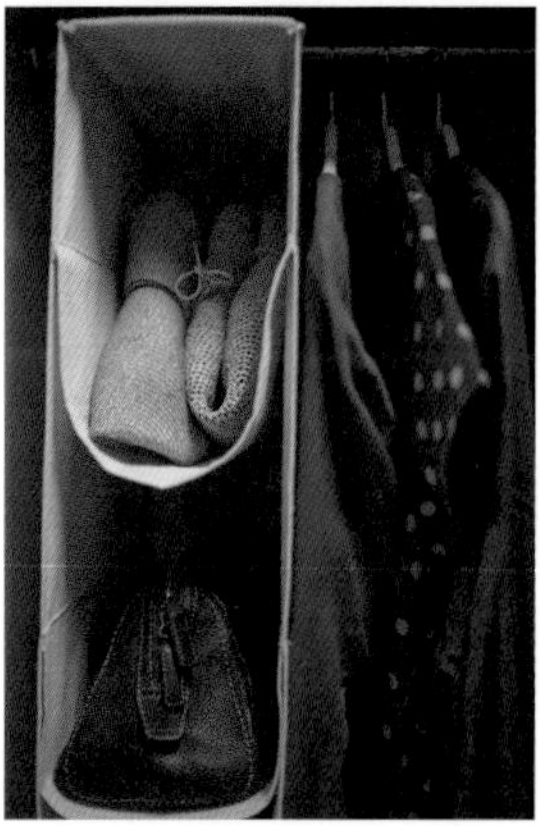

(右上)マイ定番、プリント柄ノースリーブとクルーネックのカーディガンは同じ場所に。
(右下)ずり落ちず、肩幅が狭くて便利な「MAWA」のハンガーは、価格もリーズナブル。
(左上)バスルームにタオル用のラックがなかったので、ワゴンを活用。タオル類も、この中に入るぶんだけを持つようにしています。
(左下)「無印良品」の布製ホルダーを吊るし、バッグや帽子類をすぐ取り出せるように。

日々のついでに「掃除」

仕事と家事を両立しようと思うと、掃除に使う時間は、毎日そう多くはとれません。夫婦ともに平日は仕事が大変なぶん、週末は気分転換をしに、外に出かけたい派。なので、無理して一度にまとめてするのではなく、「毎日決めた部分、決めた時間内だけ掃除をする」という方式をとっています。たとえば「今日はリビングの床拭き」、明日は「脱衣所の床拭き」というふうに、日々少しだけ。

一方水まわりはパート分けせず、できるだけ毎日。朝、顔を洗うついでに洗面台をスウェーデンの「イリス・ハントバーク」(80ページ)のディッシュ用ブラシで簡単にみがき掃除。毎日掃除をすれば、ひどい水垢などはつかず、日々気持ちよく暮らせます。お風呂に関しては、湯船は毎日洗っていますが、壁や床は「一日一面だけ」と決めています。疲れている日は、もちろんお休みしながら。一面だけだと、時間にするとほんの2分程度。この短い時間を習慣にできれば、清潔なお風呂をキープすることができます。

床掃除は、ときどきロボット掃除機「ルンバ」（81ページ）にもお手伝いしてもらっています。起動させるのは週に一日程度。こちらも「イリス・ハントバーク」（81ページ）のダストブラシであちこちのホコリを軽く落とし、一緒に集めてもらいます。普段なかなか手が届かないソファやAVボードの下などにも入り込んで、きれいにしてくれるのでありがたい。動いている姿が可愛く、愛犬と掃除遊びをしているようで、眺めてにっこりしながら掃除を終えるのを待っています。「ルンバ」を導入してよかったのは、床にものを置かなくなったこと。それだけで、すっきり見えるのだと実感しました。

できるときに、ちょこちょこと。よごれをため込まないことを意識するようになってからは、年末の大掃除もいらなくなりました。夫婦ふたりで力を合わせてしているからだと思いますが、部屋が整うと空気が清々しくなり、お茶を淹れることや料理をすることもていねいになり、ちょっとしたことでイラッとすることも減りました。「よい空気で暮らしがまわっているかどうか」、そのバロメーターのひとつに、掃除がきちんと行き届いているかどうかが、あるように思います。

(右)洗面所にも「イリス」のブラシを。可愛い道具があると、掃除も楽しみに。

(左上)「ルンバ」を起動させる日は、椅子もテーブルに上げ、床をすっきりさせて。

(左下)「ルンバ」登場前に、ブラシでウッドブラインドのほこりを落としておきます。

1アイテム1かご

昔から「かご」が好きです。自然素材なので、部屋の中に置いていてもすっとなじみ、主張しすぎることがなく、数があっても目にうるさくない。整然と収めても、ざっくり適当に入れても、おおらかに受け止めてくれる懐の深さ。編み目がそれぞれに美しく、年月が経つにつれて質感や色合いが変化して、味わいが出てくるところ。好きな理由はいくつもあげられますが、そんな訳でわが家には、少しずつかごが集まってきています。リビングだけでも、およそ10個はあるでしょうか。それぞれの素材は違っていても、自然素材のかご同士なら、違和感なく仲よく並んでくれる気がしています。

購入してまだ1年も経たない「ｄｏｓａ」のラタンのかご（85ページ上）は、今いちばんのお気に入り。手にしたときは、まだ素材が青みがかっていたのですが、その青みがよい感じに抜けてきました。さらにどんなふうに色が変化していくのか、今からとても楽しみ。こちらはやや大きめサイズなので、冬の間使うブランケット類を収納しています。

リビングのキャビネットの下には、かごたちを重ね置きしています（85ページ下）。上のへぎ板を組み合わせたかごは、むぎ茶や番茶などかさが大きい茶葉類を、下の「無印良品」のふたつきのラタンのかごには、ドライヤーや顔パックなど、美容まわりの細々したものを収納。経木を編んだバスケットには、コーヒーフィルターやエスプレッソカプセルなど、コーヒーまわりのものをまとめています。オーバル型のあけびのかご（84ページ）は、4～5年前に奈良「くるみの木」で買ったもの。お弁当箱を入れて持ち運ぶのによさそう、と思って手にしたのですが、あらゆる場面で活躍してくれます。「どうやら自分は、素材的にはあけびのかごがいちばん好きかも……」と気付かされた一品です。今は、「SOU・SOU」の小巾折《こはばおり》をセットして、日々のおやつを入れておく「おやつ箱」代わりにしています。

こんな風に、ひとつのかごに、おおよそひとつのアイテム、ひとつのカテゴリーと決めて、ものの整理をしています。ときどき中身や置く位置を入れ替えて、インテリアの雰囲気を変えることも。好きなかごが家にあると、整理もまた、楽しくなるようです。

(右上)「くるみの木」で購入したあけびのかご。55ページで紹介したような、日々のおやつ類が収められています。
(右下)「SOU・SOU」の小巾折を目隠しに。
(左上)「dosa」のラタンカゴに「ロロ・ピアーナ」の膝かけを入れて。
(左下)四角いかごを重ね置き。自然素材同士なので、しっくりなじみます。

床にものを置かないルール

「床さえ片付けておけば、部屋はきれいに見えるんだよ」。これは整理整頓好きだった、父から教わった知恵のひとつ。どんなに整理が行き届いた部屋であっても、床にものが放置されていると、たとえそれがほんの一部であろうと、雑然とした空気を生み、それまで片付けにかけたたくさんの努力を、台なしにしてしまうことがあります。逆にいえば、忙しくて整理整頓に時間がかけられない状況でも、床さえきれいにしておけば、ある程度、部屋の中のすっきりとした雰囲気は、維持できると思うのです。

「床にものを置かない」。とても単純で分かりやすいルールですが、守るためには強い決意と、家族への粘り強い説得や説明、ときには強制(!)が必要になります。置きっぱなしにされた紙袋や紙類は処分袋に、服や靴下などの衣類は洗濯かごへ。宅配便で届いた箱はすぐに処分して、中身をしかるべき場所に収納するようにします。なので日頃から、買ったものをすぐに収納できるスペースの確保も、大切な作業になります。「床にはものを置かないでね」と、夫にやさしくお願いしつつ、どうしてもたまるものに関しては淡々と処分したり、仕分けをします。

わが家のリビングの床は色味が薄く、抜けた髪の毛などがとても目立ちます。なので、床掃除は毎朝出勤前の日課に。少し手間ですが、それでも毎日やっておくと、仕事で疲れて家に戻ったとき、すっきりとした空気の部屋が迎え入れてくれるのが気持ちいいので、習慣に組み込んでいます。そして半年に一度くらいのペースで、ワックスがけを。普段はよごれ落とし代わりに週に一度くらい「クイックルワイパー」のウエットシートやワックスコートシートを活用し、思い立ったときに取り掛かれるようにしています。

床掃除をしやすくするには、重すぎない家具を選ぶこともポイントのような気がしています。リビングの家具は、ソファは重たいのですが、それ以外のダイニングテーブルやミニテーブルなどは、どれもひとりで動かせるサイズ。すっと動かして、すっと掃除。その手軽さが、床を清潔に保つ上で、役立っていると思うのです。

（右）ミニテーブルやローテーブルはどれも重すぎないので、移動がラク。
（左）よごれやすいダイニングテーブルの下も、あえてマットなどは敷かずに。

毎朝の楽しい「庭仕事」

わが家の庭は、30平米ほどのスペースです。家の中と違って、庭のお手入れは、かなりおおらかなほう。「こうしなきゃ」と、きちっと決め込まないで、たとえ雑草がボウボウに生えてちょっとくらいワイルドになっても、それほど気にせずに、時間がとれるときにできることをやります。私にとって、植物は癒しの存在。ふれているだけでも気持ちがなごむので、庭仕事は楽しみながらやりたいと考えています。

庭の半分くらいは、ウッドデッキになっています。その上には、鉢植えのバラ、黒葉スミレ、キボウシ、クローバーなど（92ページ）。それに小さなテーブルセット。メダカと金魚の水鉢が3つ。地面にはミモザにアジサイ数種、山野草など、丈夫な植物を中心に植えています。ジューンベリー、ブラックベリー、ブルーベリーなど実が食べられる木のほか、レモングラス、ローズマリー、イタリアンパセリなど、食卓に清涼感を添えるハーブ類も豊富です。庭から摘んだレモンバームやレモンバーベナ、ミントに水やお湯を注いだだけで、さわやかなハーブティーやハーブウォーター（93ページ右下）のでき上がり。

いちばんのお気に入りの木はミモザ。花が咲き終わり、7月くらいには花芽らしきものが見えてきます。冬の間この芽が、少しずつ黄色く色づいてきて、春の訪れを教えてくれるのです。まだ固いつぼみのミモザで作るリース、咲き始めたほわほわのミモザで作るリース（93ページ左下）は、毎年のお楽しみ。花が咲くのは短い期間なので、夢中で何個もリースを作り、友人にも送りつけてしまいます。春のお届け便です。

毎朝の庭仕事は、鉢植えの植物に水をあげること、メダカや金魚にエサをやること、花の成長を見渡すこと。どれも楽しい日課です。休みの日には、草むしりやバラの葉についた虫探し、咲いた花や枝を切って部屋に飾ったり、メダカの卵をほかの鉢に移したり。この狭い庭では、欲しい植物をこれ以上増やせそうになくて、少しさびしいけれど、雑草を管理するには、私にとってちょうどいいサイズ。季節がめぐり、去年と同じ花が咲いたことや、木々が紅葉してきたことなど、庭にいると日々の変化、季節の移り変わりが手に取るように分かります。それは、何にも代えがたい贅沢なことだと思います。

(右)特別扱いしたい好きな植物や、そのほうが見栄えがよくなるものを鉢植えに。
(左上)うつむいて咲くクリスマスローズを、よく顔が見えるよう、水鉢に浮かべて。
(左下・右)採れたてのハーブで作るハーブウォーターは、鼻に抜ける香りの高さが格別。
(左下・左)まだ咲き始めの小粒なミモザで作ったシンプルなリース。季節の贈り物です。

散らかりやすい「紙の処分」

部屋の整理整頓の中で、頭を悩ますのが紙ものの扱いではないでしょうか？　増え続けるDMなどの郵便物、チラシ、紙の状態で保存していた書類やデータ類、家電製品の説明書……などなど。ほうっておくと、あっという間に増える上、保管する方法次第でも、ものすごい量になり、収納にも影響します。そこで、狭い部屋の中を上手に管理するために、紙ものに関しても、簡単なルールを決めています。

ポストに入っていた郵便物やチラシなどは、できるだけ帰宅直後に確認し、必要なものだけを残し、広告はごみ箱へ、郵便物などはシュレッダー横の処分用ボックスに入れるようにしています。このとき、広告にメモしておきたい情報があれば、スマートフォンで撮影しておき、情報だけを保管します。処分用のボックスに入れたものの保管期限は、1週間程度。ごみ回収の前日にシュレッダーをかける前までに処分しています。シュレッダーにかける前は、夫も再度チェックして、必要なものを処分しないように注意します。ちなみにわが家のシュレッダーは「コクヨ」のもの（97

ページ下）。シンプルな白を探して、選びました。

家電などの取り扱い説明書は、「無印良品」のポリプロピレン製のファイルボックスに入れ、しきりの「ハンギングホルダー」の上に、自分で付箋の見出しをつけて分類し、本棚に収納しています（96ページ）。こうしておくと出し入れしやすいだけでなく、新しく買い替えたときに、不必要になった古い製品の説明書も見つけやすく、破棄するのもラクチン。一般の書類も、この説明書と同じように、できるだけ種類別に分け、収納するように心掛けています。こちらも取り出しやすく、不要品を処分しやすく、を意識しています。逆に大切に取っておくものは、デザインが美しいDMや、友人からの手紙、領収書類など（97ページ上）。これらはクリアファイルに小分け、分類してから、黒のファイバーボックスに入れ、リビングの棚に置き、ときどき取り出しては、眺めたりしています。

紙ものをすっきりスマートに収納、処分することは、自分に必要な情報をしっかり管理活用することでもあると思うので、毎日の暮らしの中でも、こまめに意識的に行なうよう心掛けています。

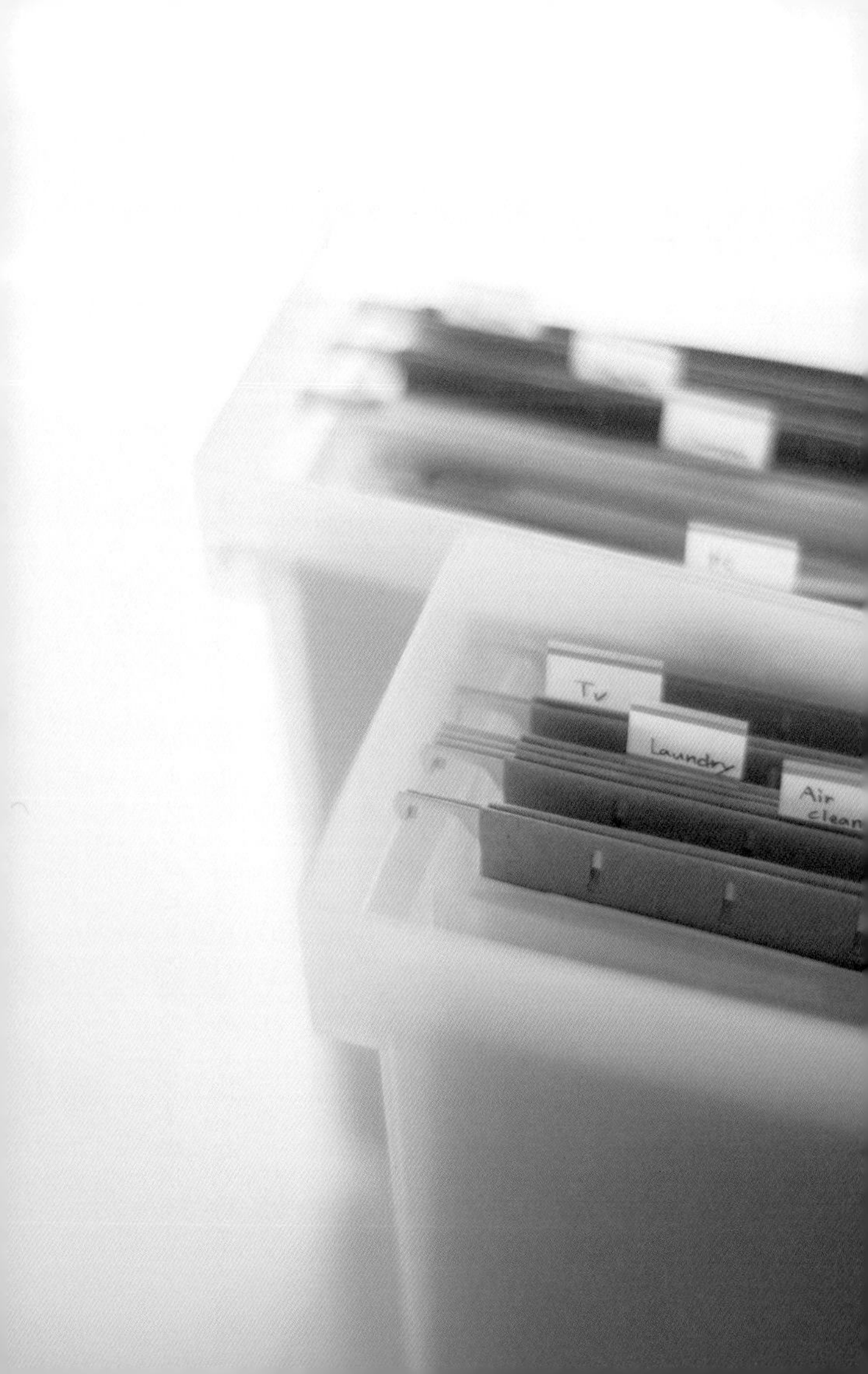
Tv
Laundry
Air

(右)「無印良品」のボックスに整理した家電の説明書。以前はファイルに入れていましたが、うんと取り出しやすくなりました。

(左上)箱の中も小さなクリアファイルで小分けを。

(左下)「コクヨ」のシュレッダーと、処分用の紙を「とりあえず」入れるボックス。

column

instagram PHOTO

3

光も影も美しい席

大阪にある、大好きなカフェの窓辺の席。

外の景色を見ながら過ごせるこの席は、光の加減がよくて、私にとっての特等席。この席でゆったりと過ごしながら、時間が経つにつれ光が少しずつ変化していく様子を眺めるのが好きです。

インスタグラムのこと❸

どんなときに撮って投稿するか

おいしいお菓子を食べたり、好きな公園に行ったりなど、見ていただいた方にも、楽しくなってもらえそうな写真が撮れたときです。そして光のまわり方が、きれいだったときに。撮ってみて、「あれ？ 今ひとつかな？」と思うときは、投稿しなかったりもします。

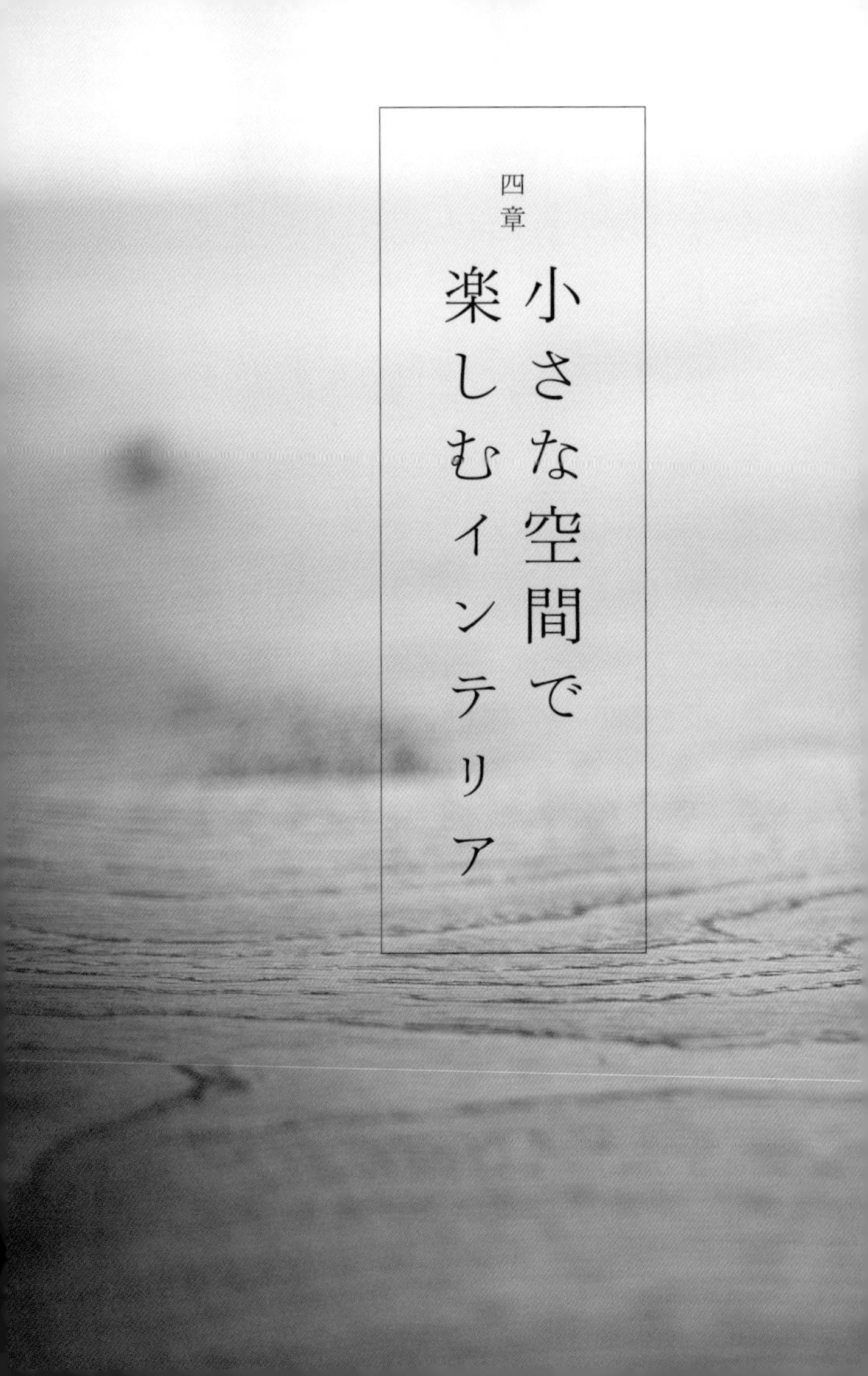

四章

小さな空間で楽しむインテリア

「家具」は木で統一感を出す

深みがある色合いが落ち着くからでしょうか、夫婦ともにウォールナット素材が好きで、リビングに置いている家具はそれで統一しています。パソコンを置いているテーブル、その下のブックスタンド、その脇にあるプリンターを収納できるキャビネットと、テーブル。今は廃番になってしましたが、すべて「アクタス」のオリジナルです（104ページ上）。ローテーブルもウォールナット。このマンションに引っ越してきたときには、ダイニングテーブルを置く予定がなかったので、長めのサイズにしてもらい、L字のソファと合わせていました。それとは別に、ウォールナット素材のミニテーブルとミニスツールのセットもあり（104ページ下）、ソファの横に置いてコーヒーテーブル代わりに使ったり、友人が来たときの椅子にしたり、雑貨類のディスプレイ台として活用したり。どちらもミニサイズなので、気軽に模様替えを楽しむことができます。またリビングのウッドブラインドもウォールナットにすることで、全体に統一感を出しています。

一方キッチン側は、台所の吊戸棚や引き出しなどが黄色系の明るい色なので、それに合わせて威圧感のない、明るいアルダー材のダイニングボードを使っています。こちらは「堀田木工所」のもので、食器棚部分の戸が曇りガラスになっているので、中が見えないぶん、すっきりして見えます。それに合わせて、近くに置くダイニングテーブルも明るい色がいいと思い、ナラ材のものにしました（105ページ）。大好きなカフェにあるテーブルをイメージして、「シンプルで無骨なもの、少しくらい傷がついてもいいようなテーブルを」と、大阪にある家具とアンティークのお店「ANdo」さんにオーダーしました。「節《ふし》のあるワイルドな感じで」「無垢に近い仕上げで」とお願いしたものの、「節ってどんな感じになるのかな……」と気になり、もう一度お店に戻ったら、「工房に来ていただけるなら、一緒に板選びからしますか」とお誘いいただきました。後日「板材が入荷した」と連絡が来て、工房に伺い、好きな板を何枚か見せてもらいました。結局、店主の方が選んでくださった板がいちばん格好よかったのですが（笑）、そうやってでき上がったテーブルなので、愛着もひとしおです。

(右上)家具は部屋のトーンを決める大切な要素なので、色味を統一するように。
(右下)ミニテーブルとスツールは、重ねることも可能。
(左)買ってから2年半が経過したダイニングテーブル。色合いがほんの少し濃くなってきた気がしています。

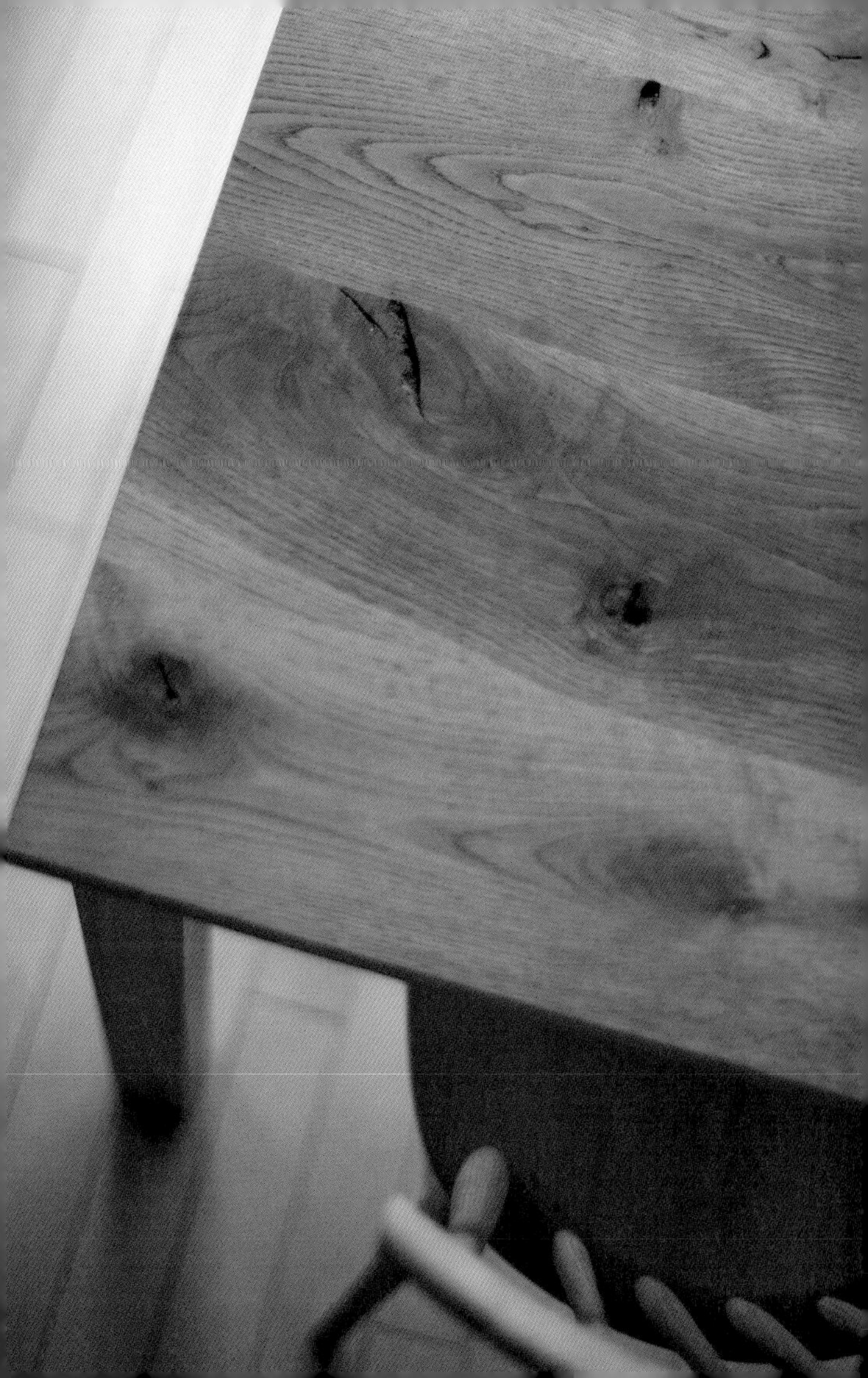

限られた場所だけ、「飾り」を

狭いながらもすっきりと見えるよう、そして掃除もラクになるよう、できるだけものは収納して見えないようにしていますが、一方で「ここの場所は」と決めて、お気に入りのものを飾るスペースをいくつか設けています。たくさんのものを飾るセンスは持ち合わせていないので、好きなものを少しだけ……。その場所を目にするだけで、何か気持ちが落ち着くような、そんな空間にしたいと思っています。

リビングの壁面には、矢野義憲さんの木枠のようなオブジェを飾っています（108ページ）。お店で初めて見たとき、そのオブジェの上には、枯葉が一枚載せられていました。お花も飾れるよう、隠れたところに小さな銅製の水差しがついているのにも、ワクワクしました。木製だからでしょうか、草花や木の実をからめると、自然となじみます。春にはミモザ、秋は木の実や落ち葉、ヘクソカズラ、冬はクリスマスに合わせて赤い山帰来《さんきらい》を。季節ごとに好きな空間を作ります。その下には木工ブランド「ＫＩＹＡＴＡ」の鳥の時計（108ページ）。購入時に、試しに手の届く低い位置につけてみたら、矢野さんのオブジェと好相性で、そのまま低空飛行中。可愛いものの少ないわが家ですが、この時計だけは例外です。なお、鹿のアクセサリースタンドも「ＫＩＹＡＴＡ」のもの（１０９ページ中）。雰囲気が合う気がして「ＡＮｄｏ」のカードフレームと一緒に置いています。

窓辺に近いウォールナットの細いテーブルの上は、その時期のお気に入りのものを並べるコーナー。最近は、シンプルな蓋碗（１０６ページ上）。中国茶の練習用に、教室で購入したものに、以前「華泰茶荘《ふぁたいちゃそう》」で見つけた茶杯をふたつ。木蓮とバラの柄です。それらを篠山の木工工房・ショップ「居七十七《いなとな》」の木のお皿にのせています。思い立ったらすぐ使えますし、たとえお茶を淹れない朝でも、お気に入りの茶器が目に入ると、背筋がのびるような気がしています。雑貨屋で見つけたガラスケース（１０６ページ下）は万能で、たとえばお気に入りのハサミや、山で拾ってきた木の実を入れておくだけでも、絵になります。ときどき友人の手掛ける「布花標本ｕｔｏｐｉａｎｏ」の布の花もこのケースに飾り、日の当たらない部屋の奥に置いて、ゆったりと眺めています。

（右）壁にかけた矢野義憲さんのオブジェと、「KIYATA」の鳥の時計。
（左上）実用性はもちろんのこと、見た目も美しい中国茶用のセット。
（左中）フレームには、友人から届いた素敵なカードなどを入れて。
（左下）手の込んだ工程を経て、ひとつひとつ作られる「布花標本」。

気分がやすらぐ「間接照明」

写真を撮っているせいか、光に敏感なところがあります。たとえば、カフェなら窓に面した席が好きです。直射日光ではなく、やわらかな逆光が差し込むような場所が、私にとって特別な席。理由はお茶や料理を美しく見せてくれるから。夜なら、おだやかな灯りを灯しているお店が好きです。光がやさしければ心はやすらぎ、同じものを味わうにも、見え方や感じ方が変わってくるのです。

数年前から、わが家も心から安らげる場所にしたいと考え、やわらかで控えめな光で過ごす試みをしています。それまで部屋のすみずみまで明るく照らしていた照明器具を2灯外し、ワット数を落とした、吊るすタイプのライトに変えました。ひとつはテーブルのみを照らす、アンティーク調の白熱球のもの（113ページ下）。芦屋にある灯りのお店「flame」のオリジナルのホーロータイプです。もうひとつはデンマークのポール・クリスチャンセンがデザインした「レ・クリント」（113ページ上）で、60Wに落としました。静かな光は、心にやさしい効果があることを実感しています。

一日の終わりはメインの照明を落とし、サイドスタンドの間接的な光やオイルランプ、アロマランプのやわらかな光の中で、お茶やコーヒーをゆっくり飲むことが楽しみになっています。そんなときに活躍するガラスのテーブルスタンド（112ページ）もやはり、「ｆｌａｍｅ」で見つけたもの。真鍮のベース部分がガラスにおおわれており、ランプシェードの向きも変えられて、光と影の美しい対比を見せてくれます。手元だけが照らされる場所で、落ち着いたお茶の時間を過ごすことは、時間に追われる日中とのバランスを取る意味でも、欠かせない日課になっています。

なお、日中の光は、リビングのテラス窓の一枚をウッドブラインド、もう一枚をカーテンにして、それぞれ印象の異なる自然光を取り入れるよう工夫しています。やわらかな自然光、かつ逆光が差すテーブルは、庭から摘んだ花やお茶とお菓子の、素敵な舞台になります。インスタグラムに投稿する多くの写真は、このような光を利用して撮っているため、光が少ない夜の写真は、結果として少なくなってしまうのです。

（右）クラシックかつモダンな雰囲気をあわせもつ「flame」のテーブルスタンド。

（左上）「レ・クリント」は、くつろぎの場であるソファまわりの照明に活用中。

（左下）ダイニングテーブル用に付けた「flame」のホーロー製ペンダントライト。

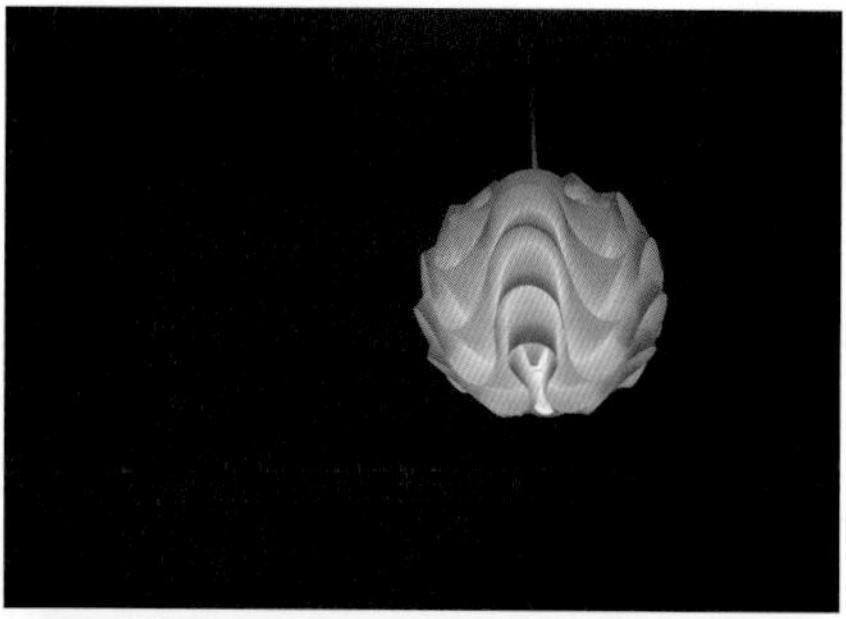

季節に合った「素材」に着せ替える

インテリアを季節ごとにしつらえることはあまりないのですが、それでも布使いで、多少の変化をつけるようにしています。

とくに変わるのはベッドまわり。寝具は春から秋は、リネンと決めています。シーツやふとんカバーは「無印良品」のリネンがほとんど。さらっとしていて、肌に気持ちよく、洗ってもあっという間に乾きます。何度も洗濯していくうちに、最初はパリッとしていたものが、やがてやわらかくなって、より肌なじみがよく育っていくところも好きなのです。冬の間は、スウェーデンの老舗ブランド「クリッパン」と「ミナ ペルホネン」のコラボレーション、「ハウス イン ザ フォレスト」のブランケットをベッドカバーとしてかけています（116ページ）。冬らしい、絵のような美しい一枚で、もちろん温かい。発売された最初の年は、すぐに売り切れてしまったので、翌年手に入れることができたときは、とてもうれしかったです。これに、大好きな雪柄の湯たんぽをセットしておけば、苦手な寒い冬も、ぬくぬくと過ごすことができます。

ウォールナットの家具と色味の相性がいいということで選んだグレーのソファは、冬っぽいウール素材。なので春から秋には、上にリネンのファブリックをカバーとしてかけています。フィンランドのテキスタイルメーカー「ラプアン カンクリ」のリネンブランケット（117ページ上）は、買った最初からくたっとした感触が気持ちよく、緻密な織り柄も素晴らしい。自分用にグレーのものを使っていましたが、あまりにも気持ちいいので、ひとりじめするのが申し訳なく、夫用に赤い線入りのものを買い足したほど。もちろん気軽にじゃぶじゃぶ洗濯できて、こちらもすぐに乾きます。冬には「ｄｏｓａ」のかごの中に入れていた、冬用のブランケットの出番。「ロロ・ピアーナ」のチャコールグレーのウールブランケットにくるまりながら、ソファの上で温かい飲み物を飲むのは、至福の時間です。

四季を通じて部屋に飾る、植物のリースも素材感を意識しています。夏にはあじさいやユーカリの葉でさわやかに、冬は野バラやブルニアの赤い実で少しクリスマスを意識して（117ページ下）。ささやかですが、付け替えると、季節の移り変わりを感じられます。

(右)「ハウス イン ザ フォレスト」は無彩色なところもわが家に合う理由。
(左上)夏でもサラリとした肌ざわりの「ラプアン カンクリ」のサマーブランケット。
(左下)赤い実のリースを飾ると、「今年もあと少し」と気持ちもあらたまります。

Information

KIYATA

鳥の時計、鹿のアクセサリースタンド (p.107)

http://www.kiyata.net/works/clock/

flame 照明 (p.110)

http://www.flame-product.com

ラプアン カンクリ　リネンブランケット (p.115)

http://lapuankankurit.jp/

column

instagram PHOTO

4

今日も楽しい一日をね。

友人とのお散歩の途中に見つけた四つ葉のクローバー。
「四つ葉を初めて見た！」とよろこぶ友人に、
手に持ってもらって、撮った写真です。
こういう「しあわせのおすそ分け」みたいな場面に
出合うとうれしくて、つい投稿したくなります。

インスタグラムのこと❸

続けてうれしかったこと

いろんな方の日常の写真を見られるので、「これもいいな」「こんな風に撮ってみたいな」と、自分の写真の世界も広がったこと。そして普通に生活していてもなかなか出会えない、同じような世界が好きな方々と知り合えたことも、「すごいことだなあ」と思っています。

五章

季節の移ろいを感じる

わが家の新年の「おせち」

おせちは、毎年近所のレストランのものを楽しみにしていて、家で定番品を5～6品作るのみだったのですが、そのお店が閉店してしまってからは、すべて家で手作りするようになりました。くわい、黒豆、数の子、紅白なます、たたきごぼう、栗きんとん、筑前煮、えびのうま煮。それに蒸し鶏や豚のミルク煮など、わが家の定番のおかずを追加して、「ディーン＆デルーカ」の白い樹脂製の三段重に詰めています（124ページ）。このお重は見た目がカジュアルなので、普段の休日、おむすびやお弁当を詰めて外出するときなどにも重宝しています。黒豆は丹波篠山の大粒のものを、里いもは味に差が出る野菜だと思っているので、できるだけ信頼できるお店で購入するように心掛けています。年末のおせち作りは簡単なことではありませんが、それでもやはり、一年の区切りにふさわしい仕事です。

お雑煮作りは、昆布とかつお節で、いつもよりきちんと出汁を取ることから始まります。出汁に里いも、出汁用の鴨肉、それに梅の型で抜いた金時にんじんと大根を入れ、アクを取りながらやわらかく煮ます。酒、しょうゆ、塩、みりんで薄味に味を調え、食べる直前に鴨ロース肉を加えて火を通し、出汁、具をお椀に入れ、焼き餅を載せ、茹でほうれん草、三つ葉、いくら、ゆずの皮を載せて完成です（125ページ上）。

いつも黒豆もお雑煮も「今までで、いちばんおいしくできた」と思うのですが、義母のおせちをいただくたびに、「うちよりおいしい！」と、毎年同じように感動してしまいます。長年きちんとていねいに、作り続けてきた年月の積み重ねのせいでしょうか。そしておいしい食材探しに対する、こだわりのおかげもあると思います。私はついつい手早く、急いで料理してしまうことが多いのですが、それでも少しずつ前進して、義母のようなお料理に近づけていけたら……と思っています。

お正月のもうひとつの楽しみは、「大福茶」（125ページ下）。新年のよろこびと、その年の無病息災を願って飲む祝い茶で、「一保堂茶舗」の大福茶に、暮れに友人が送ってくれる、京都・北野天満宮の「大福梅」を入れていただくことも、ここ数年の、新年を迎える楽しい習慣になっています。

(右) 三段のお重に詰めたわが家のおせち。大変だけど、毎年作り続けることが、楽しみのひとつになっています。
(左上) お雑煮に金色の折敷、祝箸、南天を添えて、新年ならではの晴れがましいしつらえに。
(左下) まあるいお湯呑みでいただく大福茶。日本に生まれたことがうれしくなるような、わが家の定番行事です。

四季折々に作るもの

梅仕事や栗仕事など、その季節限定の手作りは、普段の料理とはまた違った楽しみがあります。季節の訪れをよろこび、愛おしむ時間と言ったらいいのでしょうか。そして季節がめぐるたびに、日本の四季の豊かさを実感するのです。

春に必ず作りたくなるのは、桜餅（128ページ上）。関西風の道明寺のものです。粉の粒の大きさ、中に入れるあんこの種類や甘さ、桜の葉、道明寺粉の色付け具合など、自分好みにこだわって作る桜餅は、買ってきたものにも負けないおいしさです。春はそのほか、たけのこごはんや豆ごはんを。関西で出まわる「うすいえんどう豆」で作る豆ごはんは絶品です。色や食感も大事にしたいので、豆を煮た煮汁と出汁を入れてごはんを炊き、食べる直前に茹でた豆を混ぜ込んで作るようにしています。

苺が安くなってきたあたりから、初夏にかけて作るのがフルーツ酢（128ページ下）。保存瓶にお酢、氷砂糖、くだものを、1：1：1の割合で合わせ、数日でできあがります。そのままロックで少量飲んだり、水や炭酸水、牛乳で割っても。近所に住む親戚の庭で採れた山桃で作ると、色もきれいで可愛いし、梅や葡萄でもおいしい。私は「ＷＥＣＫ」の瓶や古いガラスの薬瓶で作り、次のくだものの時期までに飲み切ってしまいます。

秋はやっぱり栗の渋皮煮（129ページ上）。渋皮を傷つけないように鬼皮をむく作業や、何度も洗ったり茹でたりと手間はかかりますが、でき上がりのおいしさは格別。近所のくだもの屋に教えてもらった、大きな利平《りへい》栗を使っています。小豆ともち米で作る栗おこわも、秋が待ち遠しい一品です。

冬はうれしいことに、毎年りんごがたくさん届くので、りんごのスープ（129ページ下）を。皮ごと薄切りにしたりんごを砂糖をまぶしてしんなりさせ、白ワインと水、レモン汁を加えて煮て、ハンディブレンダーでなめらかにして生クリームを加えたデザートスープ。あまり甘くしないで、パンなどといただきます。そのほか、アップルゼリーやりんごのワイン煮、タルトにパイ、すりおろしりんごにしょうが、レモン、はちみつ、お湯を入れて作る「ホットりんご」など。りんごづくしな日々が続くのも、冬ならではの風物詩です。

(右上)春に作る桜餅。製菓材料店「クオカ」で材料類も売っていて、作り方も実は簡単。

(右下)色味がきれいなフルーツ酢は、その時季のインテリアとしても楽しめます。

(左上)大好きな渋皮煮。このときは、ミルク出し用焙煎の大和茶といただきました。

(左下)りんごのスープ。木のスプーンは以前ワークショップで作った自作のもの。

クリスマス恒例の「カレンダー」作り

贈り物は、「おいしい」とか「楽しい」という気持ちの、おすそ分けになるといいなと、考えています。若い頃は、がんばっていろんなものを詰め込んだり、ラッピングにこだわったりしていましたが（もちろんときには、それも素敵だと思うのですが）、最近は相手の負担にならないように、軽い気持ちのやりとりが心地いいと感じています。「これは彼女の好みの味だろうな」「今日、奈良で買った楽しみのおすそ分けをしよう」「梅干しや、イカナゴの釘煮を試食してもらおう」くらいのちょっとした気持ちを、そのまますっと贈ります。

恒例にしているのが、毎年友人十数人に贈る「クリスマス便」。手作りのカレンダー（132、133ページ）と、手作りの何かを組み合わせ、暮れのご挨拶にしています。手作りの品は、手編みのコースターや指なし手袋、梅干し、ジャムなど、その年ごとにさまざま。瓶ものを包むときには不織布《ふしょくふ》（133ページ下に敷いているもの）が重宝で、しっかり保護の役割を果たしつつ、見た目もシンプルできれいです。

カレンダーの表紙は、贈る方それぞれによって変えており、以前相手が私に贈ってくれたものを撮った写真や（友人も、もの作りをする人が多いのです）、相手をイメージする写真を使います。カレンダー部分に使う写真は、その年に撮影したものの中から、季節を感じられる、心が落ち着く、楽しい気持ちになれるなどの写真を選んでいます。なので、でき上がってみると、その年の思い出をアルバムにしたような形になるのです。

カレンダー制作は、「キヤノン」のプリンターについていた「イージーフォトプリント」というアプリを使っています。簡単にカレンダーなどを作れるソフトで、フォントの種類や色、サイズなどを自由に選べるのがうれしいのです。対応機種を使用している方は、ダウンロードが可能だと思うのですが、そうでなくても、プリンター各社では、ホームページに、写真をはめ込んでカレンダーを作ることができる素材集などがあると思います。用紙はマット紙の、できるだけ厚手のものを使用しますが、昨年は「アラベール」という、風合いのある質感の紙を使ってみました。光沢紙とくらべて写真の鮮明さは落ちましたが、そこもまた、雰囲気があって気に入っています。

December
November
September
August

(右)昨年制作したカレンダー。前の年の一年間の思い出が詰まっています。
(左上)贈るときに緑の小枝をテープでつけて。
(左下)ラッピング用の不織布、マスキングテープや毛糸。

春夏秋冬、訪れる場所

カメラが趣味なので、季節ごとにいろんな場所に花を見に訪れて撮影することが、大きな楽しみになっています。ふらりと行けるご近所の公園はもちろん、ドライブがてら、近県に遠出することもしばしば。出身は関東ですが、関西に住んで10年。毎年季節ごとに行きたい場所が増えていくのは、しあわせなことだと感じます。

寒い季節が苦手なので、春の訪れはよろこびもひとしお。光がやさしく、明るくなっていくのを日に日に感じます。それと同時に、ミモザ、クリスマスローズ、乙女椿、桜、藤、ビヨウヤナギ……と、まるでお花のジェットコースターのように、次から次へと花の開花が知らされるのが、うれしい。好きな桜の名所は、京都・八幡市の淀川河川公園の「背割堤《せわりてい》」。1・4㎞に及ぶ桜のトンネルは幻想的で、河川敷から眺める姿も圧巻です。藤の花が有名な兵庫・朝来市の「白井大町藤公園」も、毎年開花に合わせて訪れます。

夏は光のコントラストが強く、大胆で力強い影の表情が面白い。それに合わせ、夏の花も大胆で力強いものが多い気がします。近所のお寺には、早朝5時に早起きして、蓮の花の開花を見に行きます。そして兵庫・佐用町の「ひまわり畑」。こちらのひまわりは、小ぶりなものが多く、被写体としてとても可愛らしい。何カ所かで開花時期をずらしてくれているので、期間中どこかしら満開の場所があるのもうれしいのです。

秋は光がやさしくなり、温かさが逆に恋しくなってくる時期。落ち葉に落ちる光がきれいで、なつかしいようなうれしいような、何とも言えないような気持ちになります。コスモス摘みや紅葉狩り。昨年山登りを始めて、「秋は、いろんなものが地面に落ちているな」と気付きました。木の実、落ち葉、木の枝。それらを毎日ひとつと決めて家に持ち帰り（たくさん持ってくると、すぐにいっぱいになってしまいますから）、ガラスケースに入れたり、お皿に並べたりして、楽しんでいます。

冬の光はキリリと澄んでいます。日なたを選びながら歩いているうちに、ふと見上げると、すっかり葉が落ちた木の合間から眺める空が美しい。木によって枝ぶりもさまざまで、造形の素晴らしさに、時間を忘れて見とれてしまうのです。

(上)「白井大町藤公園」で撮った藤の花。紫の可憐なグラデーションがきれいです。
(下)佐用町の「ひまわり畑」。陽気な黄色に囲まれていると、思わず笑顔に。

（上）近所の公園のもみじ。家の周囲には、お気に入りの場所がいくつもあります。
（下）六甲山で見上げた冬の木々。同じものはふたつとしてない唯一の風景。

疲れをほぐす「散歩」のすすめ

歩くことが好きです。仕事で疲れたときも、そのままバスで帰ると疲れを引きずってしまいますが、歩いて帰ると体も温まってリフレッシュでき、元気が出てきます。通勤ルートはバスで片道15分ですが、歩いてもおよそ1時間弱。歩いている間は、スマホを見たり、本を読んだりすることもできないので、「考えること」に純粋に集中できます。悩みごとがある日や落ち込んだ日も、バスや部屋の中でじっとしているとウツウツとしてしまいますが、足を使って体を動かすと、前向きな考えが浮かんでくるから不思議。風が吹き、光が差す気持ちのよい屋外では、マイナスな気分になりにくい気がしています。そんな訳で、歩く時間は、「今日一日の予定」や「これからのこと」を考えたり、「私らしくあること」をまっとうする貴重な時間でもあるのです。

通勤以外にも、日々少しずつコースを変えて、いろんな道を歩きます。「この時期は、あの道で金木犀の香りを楽しもう」とか、雨の日は「あの角のお宅の黄色い花が、道にたくさん落ちてきれいだから、こっちの道に」など、季節や天気によって、好きな道を選ぶと、散歩がさらに楽しくなります。落ち椿が楽しめる道、ミモザが立派な家、名前を知らない花の香りが漂う道、夜桜が楽しめる道。そして水の流れに癒される、川沿いの道。夜に川沿いを散歩すると、不要なものも一緒に、すっと流されていくような気がします。

私が住む神戸は、山と海に挟まれた恵まれた場所なので、すぐ近所で気軽に登山も楽しめます。仕事が午後半休になった日は、おやつと水をリュックに入れて、ひとりで山道を登ったりすることも。頂上にはきれいな池がふたつあり、神戸の街や、遠く大阪までも見渡せて気持ちよく、とてもいい気分転換になります。

休日は、夫婦で山登りをすることも増えてきました。季節の移り変わりを感じられる、登り途中の山道の景色もいいのですが、いちばんの楽しみは山頂でのコーヒー。挽いたコーヒー豆とおいしいおやつを用意して、バーナーでお湯を沸かし、ていねいにドリップしてコーヒーを淹れます。自然の中で飲むコーヒーのおいしいこと！　このよろこびを味わいたくて、また山登りをしたくなるほどです。

(右)自然豊かな「神戸森林植物園」。黄色い葉ごしに見る、赤いもみじがきれい。
(左上)近所のお気に入りの公園。ほっとしたいときに立ち寄ります。
(左下)渓流沿いを歩く、大好きな山登りコースで。コーヒータイムでリフレッシュ。

あとがき

子どもの頃、夕焼けの空や道ばたの花の美しさにぼーっと見とれていることが多く、学校の先生や両親に、「夢見がちな子だね」と言われることがありました。私が写真やインスタグラムを始めたのは、「日常を、やさしい、美しいものとして見つめていたい」という思いがきっかけだった気がしています。きれいなもの、素敵なもの、おいしいものがあるのなら、美しい光とともに一枚の絵として記憶にとどめておきたい。「伝えたい」というほど気負ったものはありませんが、そのときに感じた記憶を「共有できたらいいいな」という思いから、「撮ること」を続けていました。

インスタグラムをきっかけに本のお話をいただき、「普通の生活をしている私が本を作るなんて」と、夢のような話をよろこびつつ、自分の引き出しの少なさにがっかりしつつ……。でも俯瞰して見つめ直してみると、食べ物のこと、自然のこと、お茶のこと、写真のこと、普通で平凡なことでも、好きなものに囲まれながら、自分なりに心地よく豊かな暮らしを送っていると気付くことができました。

この本は、そんな私の等身大の断片を集めたものです。今後も、私らしく枝を広げたり整理したりしながら、のびやかに成長していけたらと思います。

構成に協力してくださったライターの田中のり子さん、写真を生かしてくださったデザイナーの文京図案室さん、本作りに声を掛けて下さった編集の松尾麻衣子さんが、私の小さな世界を大切にしてくださったことで完成した一冊です。感謝の気持ちでいっぱいです。ありがとうございました。

奥中尚美

※本書は『「好きなもの」と、シンプルに豊かに暮らすこと』(2015年小社刊)を再編集し、文庫化したものです。本書の記載は2015年の情報に基づいております。
※本文で紹介しているものはすべて著者の私物です。現在は取り扱われていない商品も多くあります。また現在は閉店している場合があります。予めご了承ください。
※本書の内容の正確性には充分注意を払っておりますが、万が一誤りがあった場合でも、本書に掲載されている情報によって生じた損害に対し、当社は一切の責任を負いかねます。

staff
写真 奥中尚美（p.28を除く）
デザイン 芝晶子、仲島綾乃（文京図案室）
編集協力 田中のり子

奥中尚美《おくなか なおみ》

薬剤師。共立薬科大学（現・慶應義塾大学）薬学部卒業。2003年頃から撮影をはじめ、雑誌「花時間」で活躍の写真家、山本正樹氏に師事し写真を学ぶ。「インスタグラム」に投稿する、自然、花、カフェ、お弁当、お茶の時間など、奥ゆかしい暮らしの写真が国内外で話題となり、人気アカウントとなる。

Instagramアカウント：nao1223

マイナビ文庫

シンプルに豊かに暮らすヒント

2023年4月25日　初版第1刷発行

著　者　奥中尚美（nao1223）
発行者　角竹輝紀
発行所　株式会社マイナビ出版
〒101-0003 東京都千代田区一ツ橋2-6-3 一ツ橋ビル2F
TEL 0480-38-6872（注文専用ダイヤル）
03-3556-2731（販売部）
03-3556-2735（編集部）
E-Mail pc-books@mynavi.jp
https://book.mynavi.jp
カバーデザイン　米谷テツヤ（PASS）
DTP　富宗治
印刷・製本　中央精版印刷株式会社

○定価はカバーに記載してあります。
○落丁本、乱丁本はお取り替えいたします。お問い合わせはTEL：0480-38-6872（注文専用ダイヤル）、または電子メール：sas@mynavi.jpまでお願いいたします。
○内容に関するご質問は、マイナビ出版編集第2部まではがき、封書にてお問い合わせください。

ISBN 978-4-8399-8311-6